KB189254

우리 시대 스승 열여덟 분의
가슴팍을 파고드는 절절한 가르침

기억에 남는 명법문 · 06

법값 했는가

〈불교신문〉· 월간 〈불광〉
공동기획

불광출판사

차
례

도
원
스
님

1941년 대구 파계사에서 고송 스님을
은사로 출가했다. 청운(靑雲)은 법호.
오대산 월정사 주지와 파계사 주지,
능인학원 이사장, 동국대학교 이사, 조계종
중앙선거관리위원장, 호계위원 등을
역임했다. 1998년 조계종 원로의원으로
선출되어 원로회의 부의장과 의장을
맡았으며, 현재 파계사 조실로 주석하고
있다.

부처님이 만 가지 방편을 갖고 중생을 교화하셨지만,
제일 으뜸가는 교화법이 바로 참선법입니다.
한평생을 앉아서 좌선한다면 그 공덕을 어디에 비교하
겠습니까. 설사 금생에 견성성불하진 못한다고 해도,
그 참선하는 마음속에 앉아 있다가 운명한다면 가장
아름다운 운명일 것입니다.
영원하면서도 빨리 행복하고 싶다면 참선을 해야
합니다. 보리심을 발휘해 참선하겠다는 마음,
그 바른 마음을 '발심(發心)'이라 합니다.

영원한 행복을 얻는
가장 빠른 길

우리는 이 세상을 살아가면서 자꾸 무언가를 갈구하게 됩니다. 채워지지 않는 그 무엇이 있어, 항상 부족하다는 말입니다. 부족한 것을 메우려고 자꾸 갈구하니, 그것이 바로 고통의 원인이 되는 거예요. 승속을 막론하고 부처님 법에 귀의하는 이유를 묻는다면, 흔히 '부처가 되기 위해서'라고 답합니다. 세속적으로 말하자면 행복하게 살고 싶다는 의미입니다. 그런데 그 행복이 어떤 행복이냐가 문제예요.

한계가 있는 행복과 영원한 행복

부처님이 말씀하신 행복에는 두 가지가 있어요. 하나는 유루복(有漏福)으로, 줄줄 새는 복입니다. 그러니 한계가 있는 복이요,

어느 정도 복을 가지면 복이 떨어집니다. 또 다른 하나는 무루복 (無漏福)입니다. 영원히 새지 않는 복이에요. 불교의 복 가운데 가장 으뜸가는 복은 바로 열반입니다. 마음속에 망상이 다 끊어진 자리, 그 자리가 바로 열반입니다.

옛 성인들이 말하길, 다섯 가지 복이 있다고 말했습니다. 첫째 오래 살아야 한다는 겁니다. 요즈음에는 100세를 누린다고 하니 적어도 100세까지 살아야 하지 않겠습니까. 근데 오래 사는 것도 좋은데, 가난에 찌들어 100세까지 산다면 살맛이 나겠습니까. 요즈음에는 돈이 없으면 못 살겠다고 야단입니다. 둘째로는 돈이 있어야 합니다. 셋째는 도덕을 좋아해야 합니다. 오래 살고 돈이 있어도 천하의 나쁜 놈이라고 손가락질을 받아선 안 되는 것이죠. 남들이 우러러보고 칭양(稱揚)하는 사람이 돼야 합니다. 넷째는 건강해야 합니다. 마지막 다섯 번째 복이 바로 죽음을 잘 맞이해야 한다는 것입니다.

아무리 앞의 네 가지를 잘하고 살았다고 해도, 마지막에 죽음을 잘 맞이하지 못했다면 그건 행복한 삶이 아닙니다. 세상 사람들은 이 가운데 하나나 둘, 많아야 셋 정도 갖춰 살고 있어요. 이 다섯 가지를 모두 갖추고 살다가 세상을 작별했다는 소리는 별로 듣지 못했습니다. 이 세상의 행복은 유루복입니다. 복이 줄줄 새고, 한계가 있는 행복입니다. 이 몸이 죽고 나면 모두 아무 소용없는 복입니다.

그렇다면 부처님께서 말씀하신 열반은 어떤 행복일까요. 그런 모든 것이 다 포함돼 있으면서도 모든 것을 초월한 행복입니다. 부처님은 한 나라의 태자로 태어나, 다섯 가지 복을 다 받을 수 있는 여건이 충족되어 있었습니다. 그런데 모든 부와 명예가 집중되어 있었음에도, 왜 그런 행복을 버렸을까요. 이 세상에 영원한 것이 없었기 때문입니다. 전부가 변하고 무상(無常)하기 때문이지요. 무상 가운데 가장 골치 아픈 것이 바로 죽음입니다.

부처님이 깨달은 것은 무엇인가?

부처님이 출가하게 된 동기는 바로 영원히 죽지 않기 위해서입니다. 출가한 뒤 6년 동안 철학자 등 많은 사람들을 만나면서, 당신의 풀리지 않는 고민에 대해 질문했어요. '영원히 안녕할 수 있는 법은 없습니까?'라는 물음에, 어느 누구도 해결책을 제시하지 못했습니다. 그러다 고행을 하게 되고, 고행을 멈춘 후 보리수 밑에 앉아서 참선을 했습니다. 그렇게 해서 일주일 만에 새벽별을 보면서 참다운 자기를 봤습니다.

지금의 육신은 거짓이에요. 가짜 나인 것입니다. 영원히 안 죽는 실상, 즉 참다운 나를 깨달은 것입니다. 깨닫고 보니 나만의 실상을 깨달은 게 아니라, 전 세계 일체세간의 만법이 다 하나요 둘이 아님을 깨달았습니다. 불생불멸 불구부정 부증불감(不生不滅 不垢不淨 不增不減)임을 깨달은 것입니다. 영원한 열반입니다. 이후 범천(梵天)이 찾아와 '부처님께서 법을 설해주지 않으면 이 많은 중생들은 어떻게 합니까. 부디 법을 설해주십시오.'라고 간청해서, 45년 동안 중생들의 곁에 머물며 설법을 해주셨습니다.

열반만이 영원한 행복입니다. 한번 얻으면 영원히 얻어, 다시는 변하는 게 아닙니다. 이런저런 곳에서 행복을 찾지만 불교에 입문한 이상, 부처가 되어야 영원한 행복입니다. 하지만 그 영원한 행복을 얻는 것이 간단하지 않아요. 부처님께서는 다겁생을 닦은 분이지만, 6년 동안 고행을 거친 뒤에서야 비로소 얻었습니다. 하지만 우리는 육도윤회하면서 많은 업을 지었기 때문에, 부처님 법 안에 들어왔어도 금방 부처가 되진 못합니다. 하지만 빠른 길이 있습니다. 바로 참선입니다.

부처님이 만 가지 방편을 갖고 중생을 교화하셨지만, 제일 으뜸가는 교화법이 바로 참선법입니다. 한평생을 앉아서 좌선한다면 그 공덕을 어디에 비교하겠습니까. 설사 금생에 견성성불하진 못한다고 해도, 그 참선하는 마음속에 앉아 있다가 운명한다면 가장 아름다운 운명일 것입니다. 영원하면서도 빨리 행복하고 싶다면 참선을 해야 합니다. 보리심을 발휘해 참선하겠다는 마음, 그 바른 마음을 '발심(發心)'이라 합니다. 『금강경』에서 '아뇩다라삼먁삼보리심'을 발하겠다는 것은 내가 참선해 부처가 되겠다고 보리심을 발한 것입니다.

참선이 최고입니다. 이보다 더 중한 것은 없습니다. 하지만 박복한 사람은 해도 안 된다며 안 하려고 합니다. 하지만 안 되는 건 아니지요. 욕심이 있어서 빨리 얻어가려 하기 때문에 안 되는 것입니다. 한두 달 해보니 못하겠다며 도망가는 겁니다.

신도들에게 참선하라고 시켜 놓으니 '스님! 참선해보니 부처님이 광명을 내리셨어요'라고 하는데, 정말 참선이 바로 된 것입니까? 말이 안 되는 소리입니다. 마음속에 갈구하다 보니 속아 넘어간 거예요. 또 어떤 보살은 울어요. 입승이 옆으로 가 왜 울었는지 물어보니, '참선하다 영감쟁이가 날 고생시킨 게 생각나 분통이 터져 울었어요'라고 해요. 과거의 일이 생각나는 게 과연 참선일까요? 어떤 이들은 참선하다 말고 우스운 일을 생각하고는 웃어요. 전부 다 참선을 잘못하고 있는 것입니다.

단 5분이라도 앉아서 '이뭣고'를 생각하라

오롯이 오만 가지 생각이 다 끊어져야 해요. 실사 참선과정에서 부처님이나 관세음보살님 등을 생각하고 있어도 참선이 아닙니다. 오로지 '이뭣고' 해야 합니다. 잘되고 잘못되고도 없이, 오로지 '이뭣고' 생각만 하고 다 끊으라고 하는데 그게 뭐가 어렵습

도원 스님

니까. 조금이라도 딴 생각이 일어난다면 금방 딴 생각이 일어났음을 깨달아야 해요. '아! 내가 딴 생각을 하고 있구나. 이래서는 안 되겠구나.'라고 한 뒤, 생각을 곧바로 되돌려야 합니다. 그렇지 못하면 화두는 어딘가로 버려지고 없어지는데, 그것은 참선이 아닙니다.

어쨌든 품 안 들이고도 참 좋은 것을 얻을 수 있는 것이 바로 참선입니다. 잘됐다, 못됐다고 할 필요도 없어요. 잘됐다, 못됐다고 생각하는 것 모두가 망상이기 때문입니다. 오로지 앉아서 '이뭣고'만 생각하면 됩니다. 자꾸 하다보면 차차 수월해지고 힘이 덜어지기 마련이에요. 잠자고 밥 먹는 것, 시간이 오고 가는지도 잊어버려 화두 삼매, 화두 일념에 들어가야 합니다. 그런 경지에 도달해야만 비로소 안심할 수 있는 경지까지 들어갔다고 할 수 있어요.

하지만 아무리 마음을 먹어도 참선을 못하는 사람이 있다면, 억지로 참선하지 말고 좋아하는 대로 염불하거나 경전을 외우시면 됩니다. 그것도 참선과 마찬가지로 밥 먹고 잠자는 것도 잊어버릴 정도가 돼야 염불 삼매, 기도 삼매가 되는 거예요. 관세음보살 정근 기도하다가 한두 시간을 뛰어넘어 하루가 지나도 모를 정도가 돼야 비로소 바로 된 것입니다.

'참선이 좋다고 하니 나도 한번 해 봐야겠다'는 마음으로 대들어서는 안 됩니다. 특단의 마음, 한번 죽었다가 다시 살아난다는 마음자세로 시작해야 해요. 또한 시작하면 견성할 때까지 밀고 나가야 합니다. 중간에 하다말고 하면 부처가 못됩니다. 옛 스님들께서는 오로지 외골수로 정진하면 일주일이면 깨닫는다고 하셨어요. 길게 잡아도 90일, 즉 석 달이면 깨닫는다고 하셨지요. 그런데 3년, 4년 해도 그것을 못 이루는 것은 발심을 못했거나 외골수로 정진하지 않고 적당히 얼렁뚱땅했기 때문입니다. 설사 선방에 나오지 못해도 괜찮아요. 집에서 설거지하면서, 회사에서 잠시 쉬는 시간을 내서라도 얼마든지 할 수 있습니다. 아무쪼록 여러분들은 시간이 나는 대로, 단 5분이라도 앉아서 '이뭣고' 하고 생각하시기 바랍니다.

도
원
스
님

성타 스님

1952년 불국사에서 월산 스님을 은사로
출가했다. 1955년 동산 스님을 계사로
비구계를 수지했다. 법주사승가대학 강사와
불국사 총무를 거쳐 제6, 7, 8, 10, 11대
중앙종회의원과 조계종 포교원장을 역임했다.
1998년, 2006년, 2010년 제11교구본사
불국사 주지에 세 차례 취임해 지역포교와
불교문화창달에 힘썼다. 현재 불국사 회주로
주석하고 있다.

참깨달음은 부모가 자식을 사랑하는 것과 같은
자비를 구현할 때에야 이뤄집니다.
진정한 행복은 조건 없는 '자비'에서 나옵니다.
가령 사랑이라는 단어엔 증오라는 반대말이 있어요.
그러나 자비에는 반대말이 없어요.
사바세계의 중생이 진정 목말라 하는 것은 미움과 증오
의 반대어로서의 일반적인 사랑이 아니라, 어떤 반대어
도 없는 그 자체로 온전한 자비라는 광명체입니다.
차고 넘치는 사랑이 아니라, 돌아서면 참혹한 미움으로
변하는 불안한 사랑이 아니라, 한결 같아서
따로 마음을 낼 필요도 없는 자비라는 것입니다.

마음을 멈추는 곳에
참된 행복이 있다

성도의 의미는 무엇이겠습니까. 음력 12월 8일 성도절(成道節)은 부처님이 깨친 날이며 결국 부처님이 되신 날입니다. 불교는 부처님의 깨달음으로 인해 비로소 시작됐으니, 불자라면 성도절을 맞아 '나도 부처님처럼 깨달아 부처가 되겠다'는 서원을 세워야 할 것입니다. 이처럼 성도절은 전통적으로 신행(信行)의 큰 맥을 형성해 왔습니다.

깨달음은 왕생극락이 아니다

부처님의 깨달음은 불교인에게 있어 가장 중요한 출발점이고 종착점입니다. 하지만 불교의 궁극적 목표인 깨달음이라는 것은 그렇게 쉽게 달성할 수 있는 것이 아닙니다. 심지어 아미타불을 지극정성으로 믿어 설령 왕생극락했다고 해도, 깨달음이 성취되는 것은 아닙니다. 극락세계에서 산다는 것은 단지 좋은 환경에서 수행을 할 수 있다는 의미일 뿐입니다. 아무리 가진 것이 많은 부자라 해도 나름의 고민과 문제가 있는 법입니다. 이렇듯 모든 갈등과 부조리가 해소된 극락세계에서 수행하더라도 우리는 고뇌에서 쉽게 벗어날 수 없어요. 단언컨대 오직 깨달음을 통해서만 번뇌를 완전하게 소멸할 수 있으며, 그렇기에 불자라면 왕생극락이 아니라 깨달음을 향해 정진하고 정진해야 할 것입니다.

부처님께서는 깨달아야 하는 이유를 직접적으로 말씀해주셨습니다. 인도 가비라 성의 왕자로 태어난 부처님은 남부럽지 않은 부와 권세를 누릴 수 있었어요. 하지만 물질적인 소유만으로는 참다운 행복에 이를 수 없음을 일찌감치 절감했지요. 생로병사의 문제, 곧 인생의 근본적 난관인 죽음에 대한 공포를 극복할 수 없음을 뼈저리게 느낀 것입니다. 아무리 부유하고 유능한 사람이라도 언젠가는 죽음을 맞이하게 마련입니다. 그래서 부처님은 죽음이라는 최종적 난제를 해결하겠다는 원력을 세우고 출가를 단행했어요.

출가 이후 부처님은 6년간 장좌불와(長坐不臥) 수행을 하는 등 극한적인 고행으로 일관했어요. 그럼에도 불구하고 인생의 근본 문제를 해결하지는 못했습니다. 오랫동안 골몰하던 부처님은 마침내 수행에 대한 새로운 관점을 갖게 되었습니다. '수행자

는 향락에 젖어서도 안 되지만, 무조건적인 고행도 수행의 전부
는 아니다'란 깨우침을 얻은 것이죠. 이것이 바로 양 극단을 초
월해 진정한 평화와 화합을 지향하는 중도(中道)입니다.

"아! 번뇌는 모두 사라졌다. 번뇌의 흐름도 사라졌다. 이제
더 이상 태어남의 길을 밟지 않으리니, 이것을 번뇌의 마지막이
라 말하리라."(『숫타니파타』)

부처님이 깨달음을 성취한 직후에 느낀 벅찬 희열이 묻어나
는 구절입니다. 삶의 근원적인 고통을 해결하기 위해 출가한 부
처님은 오래고 지난한 수행 끝에 마침내 무상정각(無上正覺)을 성
취했어요. '위없이 바른 깨달음'이란 곧 괴로움에서 영원히 벗어
나는 방법을 뜻합니다.

살아간다는 것은 곧 죽어간다는 것이다

부처님은 연기(緣起)를 발견함으로써 대자유를 얻었어요. 연기란
'모든 존재는 시간과 상황이 변함에 따라 함께 변한다[諸行無常]'
는 것이며 '만물은 홀로 살 수 없으며 상호 간의 관계 속에서만
자신의 존재를 확인할 수 있다[諸法無我]'는 것입니다. 결국 연기
에 입각한 삶이란 자연의 질서를 흔쾌히 받아들이는 삶이며 타
인에 대한 존중과 배려의 삶입니다.

성타 스님

불교에선 '세계일화(世界一花)'를 이야기해요. 꽃 한 송이 안에 삼라만상의 존재 이치가 전부 들어 있다는 의미입니다. 연기의 원리로 보면 삶과 죽음도 본래 하나예요. 생(生) 안에는 근본적으로 사(死)가 내포되어 있어요. 살아있는 것은 반드시 죽게 된다는 건 응당한 도리입니다. 생사(生死)는 결코 둘이 아닙니다. 인연관계 속에서 볼 때 둘이면서 둘이 아닙니다. 살아간다는 것은 곧 죽어간다는 것입니다. 생은 사를 포함하고 있고 사는 생을 포함하고 있는 것이죠. 마치 손바닥과 손등의 관계와 비슷합니다.

중생은 생은 좋아하는 반면 사는 싫어하는 이분법적 경향을 갖고 있어요. 생사가 일여(一如)하다는 본질을 알지 못하기 때문입니다. 만약 죽음이 삶의 자연스러운 과정이라고 인식한다면, 죽음에 대한 공포는 사라질 것입니다. 아울러 생이라는 집착을 버릴 때 깨침이 있게 됩니다.

인간의 생에 대한 집착은 무지(無知)에서 옵니다. 그리고 존재의 원리를 알지 못하고 어느 한쪽만 보려 하기 때문에 고통을 받습니다. 이것은 좋아하고 저것은 싫어하는 분별심이 있으면, 필연적으로 대립과 갈등이 따르기 마련입니다.

『금강경』에 나오는 '응무소주 이생기심(應無所住 而生其心)'이란 구절엔 집착을 버리라는 논리가 집약되어 있어요. '머문 바 없이 그 마음을 내라'는 말씀은 아무 것에도 뿌리를 두지 않는 본래 마음으로 사물을 보는 것을 가리킵니다. 만약 부처님의 형상이나 음성에서 부처님을 구하려 한다면, 절대 부처님의 참된 모습을 볼 수가 없어요. 모든 집착과 분별을 버린 순수하고 정직한 마음이 곧 부처의 마음임을 알아챌 때, 참다운 불법에 대한 바른 안목이 열릴 것입니다.

삶에 대한 집착은 내가 있다는 집착에서 비롯됩니다. 중국 당나라 때 설봉(雪峰) 스님을 스승으로 모시고 수행하던 현사사비(玄沙師備)라는 선사가 있었습니다. 어느 날 스승의 허락을 받고 행각에 나섰는데, 발을 잘못 디뎌 크게 다쳤어요. 고통에 힘겨워하던 스님은 '왜 아픈가' 하는 의문을 가지게 됐고, 결국 이는 '나〔我〕라는 존재에 대한 집착'에서 연유했다는 사실을 깨달았습니다. 그리고 '나'라는 집착을 버리는 순간, 무차별의 세계가 펼쳐졌습니다.

진정한 행복은 마음을 멈추는 곳에 있습니다. 멈춰야 할 마음은 지나친 욕심을 말합니다. 그 욕심은 탐진치(貪瞋痴) 삼독심(三毒心)이 빚어낸 번뇌에서 비롯된 것입니다. 번뇌가 내면을 어지럽혀 인간은 불안과 공포에서 좀체 벗어나지를 못해요. 근본적으로 내가 있다는 생각 때문에 불안하고 두려운 법입니다. 곧 삼독심이란 '나'라고 하는 한계와 편견에 갇혀있는 생각이고, 삼독심을 버리라는 당부는 '나'와 '너'의 경계가 없는 본래 마음으로의 회귀를 촉구하는 가르침입니다.

'자비'에는 반대말이 없다

수행이란 인간적인 한계를 극복하는 일입니다. 벽은 안팎에 있어요. 환경이라는 외부의 벽과 감정이라는 내부의 벽이죠. 못나서 서럽고, 부모를 잘못 만나 서럽고, 주변에 도와주는 이가 없어서 서럽고, 서러워서 서럽습니다. 평생토록 이런저런 장벽에 머리를 쥐어 박힙니다. 사실 쥐어 박히는 게 아니라 스스로 냅다 찧는 거예요. 서럽다는 느낌은 한 순간이고 머지않아 사라질 감정입니다. 그냥 놓아두면 제풀에 사라질 것을 자꾸만 기름을 부어 온몸을 태워먹습니다. '나'를 극복하려면 우선 생각을 쉬고 마음을 비워야 해요. 고요한 마음으로 찬찬히 난관을 극복할 방법을 고민하시기 바랍니다. 자기 안에 해답이 다 들어있습니다.

앞서 밝혔다시피 깨달음은 자비를 통해 완성이 됩니다. 발고여락(拔苦與樂)이란 말은 상대방의 고통을 가볍게 해줌으로써 그 사람과 일체가 되는 것을 일컫습니다. 참깨달음은 부모가 자식을 사랑하는 것과 같은 자비를 구현할 때에야 이뤄집니다. 진정한 행복은 조건 없는 '자비'에서 나옵니다. 가령 사랑이라는 단어엔 증오라는 반대말이 있어요. 그러나 자비에는 반대말이 없어요. 사바세계의 중생이 진정 목말라 하는 것은 미움과 증오의 반대어로서의 일반적인 사랑이 아니라, 어떤 반대어도 없는 그 자체로 온전한 자비라는 광명체입니다. 차고 넘치는 사랑이 아니라, 돌아서면 참혹한 미움으로 변하는 불안한 사랑이 아니라, 한결 같아서 따로 마음을 낼 필요도 없는 자비라는 것입니다.

또 하나 중요한 부처님의 가르침은 청정한 마음을 유지해야 한다는 것입니다. 부처님이나 중생이나 마음의 분체는 똑같습니다. 단지 청정하느냐 그렇지 못하느냐의 차이일 뿐입니다. 지나친 욕심으로 남을 무시하고 배려하지 못하는 사소한 망념이 우리 사회 전체를 더럽히고 있음을 명심해야 해요. 단언컨대 내가 변하면 세상이 변합니다. 나의 선한 생각이 세상 전체를 맑게 합니다. 아울러 우리 사회 전체가 청정해질 때 부처님의 세계가 우리 앞에 당도하게 됩니다. 불국토(佛國土)는 멀리 있지 않아요. 아무쪼록 나도 부처가 될 수 있다는 확신을 갖고 노력해보시기 바랍니다. 발심(發心)이 곧 깨달음이라고 했습니다.

성
타
스
님

월주 스님

법주사로 출가해 1956년 금오 대선사를
계사로 비구계를 받은 후 화엄사
불교전문강원에서 대교과를 마쳤다.
제17대, 28대 대한불교조계종 총무원장을
역임했으며, 1980년 4월부터 10월까지 종정
권한을 대행하였다. 사회복지법인 나눔의
집 이사장, (사)함께 일하는 재단 이사장,
(사)지구촌공생회 이사장, 국민원로회의
위원(대통령 자문) 등 활발한 사회활동도
겸임하며 자비 나눔에 앞장서고 있다. 현재
김제 금산사 조실, 서울 영화사 회주로
주석하고 있다.

깨달음은 경전 속 글귀만이 아니라
고통받고 설움받는 이웃의 신음과 탄식 속에도 있어요.
자비는 타인에게 즐거움을 준다는 자(慈)와
타인의 고통을 없애주는 비(悲)가 합쳐진 것이지요.
타인의 고통을 없애고 즐거움을 더해주는
자비 실천이야말로 부처님의
깨달음을 얻을 수 있는 좋은 방편입니다.

깨달음은 이웃의
신음과 탄식 속에 있다

부처님은 어떤 분이시며, 이 땅에 오신 참뜻은 무엇일까요? 오늘은 그 의미를 되새기며, 모든 생명의 안녕과 행복을 기원하는 시간을 가져보면 좋겠습니다. 부처님은 어둠과 미혹의 땅에 한 줄기 빛으로 오셨습니다. "심외무법(心外無法)이요, 심외무불(心外無佛)이라" 하였습니다. 진리는 마음 바깥에 있는 것이 아니라, 마음이 곧 부처라는 뜻입니다. 마음자리에는 생사가 없으며 시간과 공간을 초월해요. 마음의 바탕인 법성은 본래 청정하고 무한한 위신력을 원만하게 갖춘 자리입니다.

내가 부처인 만큼 다른 사람도 부처이다

진리를 깨달으신 부처님은 어둠과 미혹을 벗어날 희망의 빛으로 오셨습니다. 그 빛은 내가 있는 그대로 부처임을 깨우쳐주는 지혜의 빛이요, 내가 부처인 만큼 남도 부처이니 남을 돕고 섬길 것을 권하는 자비의 빛입니다. 지혜와 자비의 마음을 깨우치면 너와 나, 우리 모두 부처입니다.

모든 생명은 자기 안에 불성을 갖추고 있어요. 부처의 눈으로 세상을 바라보고 부처의 마음으로 이웃을 살필 때, 우리는 영원한 안락을 누릴 수 있지요. 모든 존재는 서로 의지해 도움을 주고받으며 살아가고 있다는 연기(緣起)의 이치를 깨달아야 할 때입니다. 인류의 참된 스승인 부처님의 가르침을 본받아, 스스로 부처로 살아가겠다는 다짐을 늘 가슴에 새기고 행동으로 옮겨야 합니다.

부처님은 모두가 평화롭게 살아갈 수 있는 해법을 제시했어요. 하지만 안타깝게도 우리 사회는 여전히 아집과 편견에 사로잡혀 서로를 헐뜯고 괴롭힙니다. 나와 피부색이 다르다고 차별하고 나보다 가난하다고 업신여깁니다. 국민이 아니라 오직 내 편만을 위해 일하는 정치인들도 적지 않아요. 내 잘못은 무슨 수를 써서라도 덮어버리고, 남의 잘못은 조금도 용서하지 않는 사람이 으스대는 세태입니다. 세대 간, 지역 간, 빈부 간 이념갈등이 커지는데도, 분열을 통해 자신의 지위와 위상을 드높이려 하기 때문에 갈등은 점차 확대되고 있는 거예요. 이렇듯 너와 나는 다르다, 나는 너보다 우월하다는 소아적(小我的) 발상이 사회를 분열시키고 나라를 혼란에 빠뜨립니다.

일찍이 한국불교사의 위대한 선지식인 원효 스님은 화쟁 사상을 주창했어요. 화쟁은 특정 종파를 고집하지 않고 불교를 하나의 진리에 귀결시켜 통합하기 위한 대안사상이었습니다. 또한 신라에 의한 삼국통일 후 고구려와 백제의 유민들을 보듬으며 민족화합에도 이바지했습니다. 특히 한국불교에 원융의 정신이 자리매김하는 데 크게 기여했지요. 자기만이 옳다고 고집하는 갈등과 반목의 현대사회에서, 소통과 화해로서의 화쟁은 여전히 그 의의가 큽니다.

우리 종단도 양변에 치우치지 않는 중도의 자세로 이념적 편향을 극복하고 불교와 사회를 계도해 나가야 해요. 지난 1994년 출범한 조계종 개혁종단도 '깨달음의 사회화'를 위해 사회의 아픔과 고통을 치유하고 갈등 해소에 참여하는 등 종단의 지평을 넓혀왔습니다. 그러나 20여 년이 지난 오늘 우리의 다짐이 잘 지켜지고 있는지도 깊이 성찰해 봐야 할 것입니다.

자신을 비울 때 상대를 감동시킨다

화쟁이란 원융무애를 사상적 근간으로 삼아 현실세계의 갈등과 대립을 치유하는 방편이 될 수 있습니다. 각각의 종파들은 자신의 관점에서 다양한 주장을 펼치기 마련입니다. 물론 이들의 주장은 공통적으로 부처님의 말씀을 토대로 했다는 점에서 부분적으로는 진리입니다. 동시에 이러한 다름은 궁극적으로 부처님의 가르침으로 환원될 수 있으니 근본적으로는 동일한 것이라고 말할 수 있습니다.

예컨대 장님이 코끼리를 만질 때 누군가는 배를 만지면서 벽과 같다 하고, 누군가는 다리를 만지면서 기둥과 같다고 이야기할 수 있지요. 모두가 자신의 입장에서만 세상만물에 대해 판단하는 데서 생기는 오해입니다. 그런데 이들이 코끼리의 실상을 올바르게 파악하려면 자기 자신이 장님이라는 사실을 인정하고 수용해야 합니다. 자신이 장님이라는 사실을 인정하지 않은 채 자신의 관점만이 사실이라고 한다면 코끼리를 벽이라 하고 기둥이라고 밖에 표현할 수 없는 거예요. 자아에 대한 집착에서 비롯된 탐욕과 분노와 어리석음을 참회해야만 비로소 진리의 본래자리에 도달할 수 있습니다.

씨앗이 씨앗이기를 고집하면, 또다른 생명으로 자신을 꽃피울 수는 없어요. 목적과 의도를 가지고 상대방을 설득하려 들면 공감을 얻기 어렵습니다. 겉으로는 소통을 주장하면서 타인의 의견에는 관심을 기울이지 않고 자신의 의견만을 관철하려는 사람들이 많아요. 이는 진정한 소통의 의미를 모르는 행동입니다. 스스로는 제 것을 내어주려는 마음을 갖지 않으면서 오직 상대방만이 자신의 의견을 들어주고 받아주어야만 소통이라 생각하는 경우가 많습니다. 그렇기 때문에 상대방에게 공감을 얻어내기 어려운 거예요. 오직 자신을 철저히 비워야만 상대방의 마음을 감동시킬 수 있습니다. 씨앗이 스스로를 희생하고 몸을 던질 때에만, 그것은 꽃과 열매로 승화되어 세상을 아름답게 장엄합니다.

남을 이롭게 하면 곧 내가 이로워진다

부처님은 이상세계를 따로 설정하지 않았어요. '지금 바로 이 자리'에서 욕심을 버리고 청정한 마음을 내면 곧바로 부처이지요. 단지 나 스스로 가지고 있는 불성을 알지 못하고, 먼 곳에서 이상을 찾으려 함으로써 불성을 내던지고 있지는 않은지 생각해봐야 합니다.

내가 아무리 옳다고 우겨도 남이 옳다고 인정해주지 않으면 영원히 틀린 생각일 뿐입니다. 나만이 옳고 다른 사람은 틀린 것이 아니라, 내가 옳으면 다른 사람도 옳고 다른 사람이 틀리면 나도 틀렸다는 성찰이 화쟁의 바른 의미입니다. 대승불교에서는 수행의 이상으로 자타불이(自他不二)와 자리이타(自利利他)를 내세우고 있어요. 나와 남이 다르지 않으므로 남을 이롭게 하면 곧 내가 이로워진다는 것입니다. 상대방을 존중하고 배려할 때 스스로 높아지고 귀해지는 것이 불교의 이치임을 명심해야 합니다.

깨달음은 경전 속 글귀만이 아니라 고통받고 설움받는 이웃의 신음과 탄식 속에도 있어요. 자비는 타인에게 즐거움을 준다는 자(慈)와 타인의 고통을 없애주는 비(悲)가 합쳐진 것이지요. 타인의 고통을 없애고 즐거움을 더해주는 자비 실천이야말로 부처님의 깨달음을 얻을 수 있는 좋은 방편입니다.

얼마 전 우리나라 1인당 국민소득이 2만4천 달러를 넘었다고는 하지만 빈부격차와 양극화로 인해 아직도 그늘진 곳에서 신음하는 이웃들이 있습니다. 남들이야 어떻든 혼자만 잘 사는 것이 인생의 목표가 되어서는 안 돼요. 주변의 어려운 이웃을 살피는 보살행을 실천하는 데에도 게으르지 않아야 해요. 나누고 함께해야 행복해집니다. 가난하고 아프고 외로운 이웃들과 함께할 때 모두가 행복한 불국토를 이룩할 수 있는 거예요.

한 발짝 더 나아가 우리는 지구촌 모든 이웃과 생명들에 대해서도 관심을 기울여야 합니다. 삼라만상이 연기의 법칙으로 얽혀 있으니 지구촌 인류 전체가 한 형제이고 한 생명입니다. 지금도 하루 1.25달러 이하로 생활하는, 절대빈곤에 처해 있는 빈곤국가 주민들이 12억 명에 이르고 있어요. 또한 분쟁과 갈등, 기상재해 등으로 고통받는 지구촌 이웃들이 너무나도 많습니다.

부처님이 이 땅에 오신 참뜻을 다시 한 번 되새기며, 화쟁의 참뜻을 헤아려 서로 용서하고 화합하면서 서로의 아픔을 보듬는 따듯한 세상이 되기를 기원합니다. 온 국민과 불자 여러분들에게 부처님의 자비와 가피가 함께하시기를 서원합니다.

월주 스님

혜
총
스
님

1953년 보경 스님을 은사로 통도사에서
출가했다. 그해 자운 스님을 계사로 사미계를
1964년 동산 스님을 계사로 비구계를
수지했다. 해인사승가대학, 범어사승가대학,
동국대 불교학과와 동 대학원을 졸업했다.
해인사승가대학과 동국대석림동문회장,
조계종 포교원장 등을 역임했다. 저서로는
『꽃도 너를 사랑하느냐』, 『새벽같이
깨어있으라』, 『공양 올리는 마음』 등이 있다.
현재 부산 감로사 회주로 주석하고 있다.

17살 때 해인사에 살았습니다.
도반들은 무럭무럭 키가 자라는데,
저만 유독 키가 안 커요.
그래서 열등의식이 생겨 목숨을 끊으려고도 했어요.
진리를 알면 자살을 해선 안 된다는 확신이 생깁니다.
그런데 그때 저는 진리를 모르고
죽으려고 생각했던 것이죠.

고양이하고 한번
싸움을 해봐야 하지 않겠습니까

목련 존자께서 신통으로 돌아가신 어머니가 계신 곳을 찾아보니, 좋은 데 가시지 못하고 낮은 단계에서 고생하고 계셨습니다. 그래서 부처님께 여쭤보았습니다. "부처님, 돌아가신 어머니가 고통을 받고 있습니다. 그 고통을 면하게 하여 좋은 곳으로 보내 드리고자 하는데, 어떻게 하면 되겠습니까?"

부처님이 답하셨습니다. "칠월백중은 스님들이 공부하고 해제하는 날이며, 서로 탁마하는 자자(自恣)일이다. 그날 대중 스님과 신도들에게 공양을 올려 어머니의 업을 녹이면 그 공덕으로 좋은 곳에 갈 수 있느니라."

혜총 스님

모든 존재는 베풀기 위해 있다

부처님의 말씀을 듣고 목련 존자가 백중을 기해, 어머니를 위해 독경과 법문을 하고 대중공양을 올렸습니다. 그 공덕으로 어머니는 천상락(天上樂)을 받게 되었지요. 부모님을 직접 모시는 것도 효(孝)이지만, 부모님이 잘못되어 고통 받는 곳에 계신다면 그 고통을 덜어드리는 것도 효입니다.

대중공양은 아주 중요합니다. 부처님에게 올리는 것도 대중공양이요, 스님에게 올리는 것도 대중공양이요, 도반에게 올리는 공양도 대중공양입니다. 이웃에게 올리는 것도 대중공양입니다. 가정에서는 남편에게, 아내에게, 부모에게, 자식에게 나누는 것이 바로 대중공양입니다.

이 세상의 모든 존재는 대중공양을 하기 위해 있는 것이지, 대중공양을 받으려고 존재하는 것은 아닙니다. 7년간 굼벵이로 있다가 며칠밖에 살지 못하는 매미도, 청량감을 공양 올리기 위해 그 짧은 생애를 살다 떠납니다. 삼라만상 모든 존재는 자기를 위해 있는 것이 아니고 대중공양하기 위해 있음을 알아야 해요.

인도에 가면 망고나무가 있어요. 인도는 비가 올 때는 몇 달간 오고, 비가 오지 않을 때는 몇 달간 안 옵니다. 그래서 땅이 척박해요. 그러한 땅에 망고 씨가 떨어져 뿌리를 박고 아름드리나무로 성장한다는 것은 상당히 어려운 일이겠지요.

그런데 그 나무가 자라 많은 사람과 짐승에게 그늘을 내려 줘 시원한 자리를 만들어줘요. 또 나무에서 뭇 새들이 잠을 잡니다. 봄이 되면 꽃을 피우고, 꿀이 납니다. 벌과 나비가 꿀을 먹습니다. 열매인 망고는 주린 창자를 채워줍니다. 이처럼 망고나무는 모든 존재에게 베풀기 위해 있어요. 부처님께서 각고 끝에 성불을 하시고 난 연후에 45년간 중생을 위해 망고 노릇을 하시다가 떠나신 겁니다.

모르면 깜깜하고 알면 밝다

'어두운 세상에 살 것인가, 밝은 세상에 살 것인가'를 아는 게 불교입니다. 어두운 데 사는 것은 괴로움이고, 밝은 데서 사는 것은 행복입니다. 그것이 열반이고 성불입니다. 어두우니까 전로망망(前路茫茫)입니다. 살기가 힘이 들어요. 글을 모르면 문맹(文盲)이라 하고, 컴퓨터를 모르면 컴맹이라 합니다. 이렇듯 불교를 모르면 불맹(佛盲)이예요. 모르면 깜깜하고 알면 밝은 겁니다.

17살 때 해인사에 살았습니다. 도반들은 무럭무럭 키가 자라는데, 저만 유독 키가 안 커요. 그래서 열등의식이 생겨 목숨을 끊으려고도 했어요. 진리를 알면 자살을 해선 안 된다는 확신이 생깁니다. 그런데 그때 저는 진리를 모르고 죽으려고 생각했던 것이죠.

그러던 어느 날 시장에 갔는데, 다리가 없어 몸에 타이어 튜브를 칭칭 감은 사람을 보았습니다. 그 사람과 나의 모습을 깊이 생각하게 되었죠. 나는 다행히 다리가 있어 계단을 오르내릴 수도 있고, 뜀박질을 할 수도 있고, 대소변을 마음대로 볼 수 있습니다. 그런데 다리가 하나도 없는 사람은 계단에 올라가는 것, 뜀박질하는 것, 대소변 보는 것이 얼마나 힘들겠는가 생각하게 된 거죠. 키 작다고 죽으려고 했으니, 그 사람에 비하면 엄청난 사치였구나라는 생각이 들어 마음을 고쳐먹었습니다.

부처님은 생로병사의 해결을 일대사인연(一大事因緣)이라고 했어요. 스님들도 그 일대사인연을 해결하기 위해 수행하고 있는 것입니다. 생로병사에서 초탈할 수 있는 길을 열어주는 것이 불교의 대자대비입니다. 소원만 들어준다고 하는 것이 아니라, 생사에서 벗어나 마음대로 할 수 있는 사람으로 만들어 주는 것이 불교입니다.

그 반대로 생사에서 허덕이고 있는 중생이 있습니다. 중생(衆生)이 왜 중생이냐. 많을 중(衆), 날 생(生)입니다. 소, 말, 돼지, 사람 모두 중생이지만, 생(生)을 무한대로 받고 있는 것이 중생입니다. 계속 태어나는 것이 중생이라는 거예요. 중생은 생을 바꿔가면서 태어나고 죽기 때문에 괴로운 것입니다.

육도(六道)는 다 아시죠. 생사윤회를 하면 육도를 다니는 것입니다. 제일 좋은 곳이 천당이고, 그 다음이 인간이에요. 인간보다 낮은 단계로는 아수라, 축생, 아귀, 지옥이 있습니다. 우리는 조금만 더 열심히 수행하고 정진하면 천당에 이를 수 있어요. 하지만 천당 역시 육도 가운데 하나이며, 여기서 벗어나야 합니다. 부처님께서 일러주신 육도를 벗어나는 길을 전해드리겠습니다. 부처님께서 기원정사에 계실 때 수많은 대중에게 다음과 같은 이야기를 하셨습니다.

늙음과 병듦과 죽음이라는 세 명의 사자(使者)

어떤 사람이 이 세상에서 악한 일을 하고 죽어서 지옥에 떨어지자, 옥졸이 그 사람을 염라대왕 앞으로 끌고 가서 말했습니다. "염라대왕이시여 이 자는 이 세상에 살아있을 때 부모에게는 불효했고, 스님들을 존경하지 않았으며, 스승과 어른을 공경하지 않았습니다. 그러한 죄로 여기 잡혀 왔으니, 적당한 벌을 내리십시오."

염라대왕은 옥졸이 끌고 온 사람에게 물었습니다. "너는 인간 세상에 있을 때 내가 보낸 첫 번째 사자를 보았는가?" "대왕이시여 본 일이 없습니다." "그러면 너는 늙고 허리가 구부러져서 지팡이에 의지하여 비틀거리는 사람을 보지 못했단 말이냐?"

혜총 스님

"대왕이시여 그런 노인은 수없이 보았습니다." "너는 그것을 보고 나도 저렇게 늙을 것이니 한시바삐 착한 일을 해야겠다고 생각하지 못했는가?" "예, 미처 그 생각은 하지 못했습니다."

"내가 보낸 두 번째 사자는 보았는가?" "보지 못했습니다." "병든 사람이 홀로 누워서 일어나지도 못하고 자기 대소변 속에서 뒹굴고 치매에 걸린 모습을 못 보았단 말인가?" "대왕이시여 그런 것은 수 없이 보아왔습니다." "그러면 너는 그것을 보고 나도 병에 걸릴 수 있다는 생각을 못했는가?" "어리석은 탓에 그런 것은 미처 생각지 못했습니다."

"내가 보낸 세 번째 사자를 만나 보았는가?" "만나 보지 못했습니다." "그러면 사람이 죽은 뒤 이틀 사흘이 지나면 시체가 부풀어 오르고 부패하여 몸에서 고름이 흘러나오는 것을 본적이 없단 말인가?" "대왕이시여 그런 시체는 수 없이 보아왔습니다."

염라대왕은 대노하여 다음과 같이 호통을 쳤습니다. "너는 그것을 보고도 어찌하여 깨닫지 못했느냐. 너는 이제 그 게으른 죄에 대한 업보로 벌을 받지 않으면 안 된다. 그것은 너의 부모나 형제자매, 친척이 한 일이 아니고, 네 스스로 지은 일이므로 벌도 네 스스로 받아야만 한다."

염라대왕이 이렇게 말을 마치자 옥졸이 사람들을 끌어다가 활활 타는 구덩이에 집어던져 버렸어요. 늙음과 병듦과 죽음이 바로 염라대왕이 이 세상에 보내는 세 명의 사자인 것입니다. 이

사자를 보고 게으름을 버린 사람은 다행스러운 사람이지만, 사자를 보고도 깨닫지 못한 사람은 길고 긴 밤을 슬퍼하게 될 것입니다.

우리는 오늘도 이웃에서 거리에서 염라대왕이 보낸 세 명의 사자를 만나고 있어요. 세 명의 사자가 오늘 이 순간은 나에게 찾아오지 않았지만, 언제인가는 나에게 오게 됩니다. 그때 당당하게 '잘 오셨소. 오시느라 수고하셨소.'라며 편안하게 가야지, 짐승처럼 질질 끌려가서 되겠습니까.

참선, 염불, 주력을 하면 죽을 때 스스로 길을 열 수 있어요. 그렇지 못한 사람은 고양이에게 죽는 쥐하고 똑같습니다. 부처님 제자라면 고양이하고 싸움을 해봐야 하지 않겠습니까. 고양이가 달려들 때 쥐가 탁 버티고 있으면 고양이가 마음대로 하지 못합니다.

영원한 세월에 비하면 인생은 너무나 짧습니다. 인생은 좋은 일, 좋은 말, 좋은 생각을 하기에도 너무나 짧은 시간입니다. 남의 손가락질 받을 시간이 어디에 있으며, 남을 해치고 남의 것을 훔칠 시간이 어디에 있단 말입니까. 내가 콧구멍으로 숨을 쉬고 육신을 자유자재하게 움직이면서 마음대로 활보하고 다닐 때, 좋은 마음먹고 좋은 말을 하고 좋은 일도 많이 해두어야 하지 않겠습니까.

혜총스님

고우 스님

조계종 원로의원이자 대종사. 봉화 금봉암에
주석하고 있다. 김천 수도암으로 출가,
청암사 강원에서 수학, 묘관음사에서 첫 안거
이래 평생 선(禪)의 길을 가고 있다. 문경
봉암사 주지로 조계종 종립선원의 기틀을
다졌고, 선원수좌회 대표를 지냈다.

시골에서 새끼 보셨죠? 가마니 보셨죠? 그 둘은 서로
다른 제품입니다. 그런데 그 제품들의 재료는 뭡니까?
짚이죠. 제가 강조하는 본질, 즉 '무아·공'의 핵심은
'짚'이나 마찬가지입니다. 우리는 제품입니다.
그런데 우리는 스스로를 제품이라고 생각하지 않아요.
바로 그게 문제입니다. 부부 간에도 서로 다른 제품이
라는 걸 인정해야 합니다. 그걸 인정하지 않으니 티격
태격할 수밖에요. 하지만 두 제품도 '짚'이라는
본질은 똑같습니다. 이것이 바로 '무아·공'을
이해하기 위한 핵심입니다. 수백 가지 제품이 있지만,
재료는 모두 똑같은 '짚'이에요.
이걸 이해하고 깨닫는 것이 불교입니다.

불교의 핵심은 '중도'다

제가 이런 얘기를 하면 어떻게 생각하실지 모르겠습니다만, 불교에서 말하는 삶의 방식은 사실 우리가 세속에서 사는 방법과 분명히 다릅니다. 저 자신도 100% 부처님의 가르침을 충실히 살지는 못해요. 하지만 부처님께서는 "이렇게 살면 행복해진다. 개인뿐 아니라 공동체의 삶도 행복해진다."고 하셨습니다. 불교의 핵심을 정확히 이해해서 산다면 모두가 행복해질 수 있을 텐데, 그렇지 못하니 갈등과 고민 속에 살 수밖에 없고 사회도 혼란해지고 국가도 어려워지고 있어요. 따라서 이것을 잘 전해서 국가도 사회도 개개인 구성원들도 모두가 행복하게 살 수 있도록 스님들이 더 분발해야 한다고 생각합니다.

고우 스님

이분법적 사고가 괴로움을 낳는다

부다가야에 가보셨나요? 그곳에 가면 보리수나무가 있습니다. 부처님은 그 나무 아래서 7일간 정진한 끝에 깨달음을 얻게 됩니다. 그럼 부처님이 얻은 그 깨달음이 무엇이냐. 오늘 얘기하고자 하는 것이 바로 이 깨달음의 핵심에 대한 것입니다. 우리는 이것을 공부하는 사람들입니다. 그런데 한국불교는 그간 이 문제에 너무 소홀했어요. 1만2천 명이나 되는 스님들 중에 불교를 제대로 이해하고 있는 사람이 과연 몇이나 됩니까. 재가신도님들의 사정도 별반 다를 것이 없지요. 우리가 부처님의 가르침을 이해한다면 이해한 만큼 행복해질 수 있을 겁니다. 그러나 그렇지 못하다는 건 우리가 불교의 핵심을 모르고 있기 때문이에요. 제가 부처님의 가르침을 몇 퍼센트나 이해하고 있는지는 잘 모르겠습니다. 그래도 불교의 핵심에 대해 저의 짧은 이야기라도 듣는 것이 전혀 모르고 있는 것보다는 훨씬 나을 겁니다.

부처님이 깨달았다는 말은 무엇을 깨달았다는 거냐. 한 마디로 요약하면 중도(中道)를 깨달았습니다. 우리는 모든 사고를 이분법적으로 합니다. 가족이란 아내와 남편이 함께 모여서 구성되는 겁니다. 그런데 그 속에서도 너와 나를 서로 나눠서 생각하고 있어요. 자식에게도 그렇게 합니다. 이웃 간에도 그렇습니다. 사회생활은 말할 것도 없어요. 또한 정치권은 가장 이분법적인 사고방식에 젖어있는 집단입니다.

부처님도 이분법적인 사고를 하던 시기에는 그 좋은 조건들을 갖추고 있음에도 괴로움을 떨쳐낼 수 없었습니다. 그러나 깨달음을 얻어 존재의 실상을 이해하고부터는 이분법적인 사고가 무너집니다. 그래서 남을 이롭게 하고, 도와주는 사고방식으로 바뀌게 됩니다.

중도를 이해해야 불교를 이해했다고 할 수 있습니다. 절만 열심히 다닌다고 해서 불자가 아닙니다. 그건 껍데기일 뿐이에요. 중도를 이해하지 못할 때는 내가 있다고 생각합니다. 이것도 하루 24시간 내리 그 생각에서 조금도 벗어나지 못합니다. 심지어 악몽을 꾸면 꿈속에서도 내가 도망갑니다. 꿈은 무의식이죠. 무의식 너머 잠재의식에서까지 우리는 '나'라는 존재를 있다고 생각하는 겁니다. 그걸 뿌리 뽑아야 해요. '그것은 허울이다. 뽑아내자. 나는 없다.' 그걸 이해하면 비로소 매일매일 좋은 날이 펼쳐집니다. 순간순간 좋은 날이 됩니다.

'스님이 너무 허황한 얘기를 하는 것 아닌가? 과연 그런 방법이 있는가?' 하겠지만 그런 방법, 있습니다. 저는 솔직히 얘기해서 아직 꿈에서까지 '나'를 버리지는 못했습니다. 그러나 깨어 있는 동안에는 그렇게 생각하고 행동하려고 노력합니다. 내가 모르고 살 때와 알고 있을 때를 비교해보세요. 전혀 다른 결과를 가져오겠죠. 당연히 후자가 더 좋은 상황을 만들어냅니다. 그래서 깨어있을 때만이라도 '나'를 버릴 수 있어야 해요. 우리가 화두를 들고 수행하는 것은 무의식까지 변화시키기 위한 것입니다. 이건 정말 대단한 겁니다. 이때 얻을 수 있는 행복감은 어마어마합니다.

나를 바로 볼 수 있을 때 행복이 시작된다

이 우주에 있는 존재들은 모두 중도입니다. 『금강경』에 '태란습화(胎卵濕化)', 즉 온갖 생명들을 태생 방식에 따라 사생(四生)으로 분류한 것이 나옵니다. 자궁에서 태어나는 것, 알로 태어나는 것, 습한 곳에서 태어나는 것 등 모든 생명의 종류들이 다 중도로서 존재하고 있어요. 사람뿐 아니라 동물과 눈에 보이지 않는 미생물까지도, 이 세상의 모든 존재들은 다 중도로 존재하고 있다는 말입니다.

예를 들어 사람에 대해서만 한 번 생각해 봅시다. 사람은 다다릅니다. 생김새, 말투 등이 절대로 같을 수 없어요. 하지만 '나'라는 존재가 있다고 생각하는 것은 똑같습니다. 때로는 외적인 조건이 나에게 맞으면 행복하다고 느끼다가, 외적인 조건이 나에게 불리하면 화가 나고 상심하게 됩니다. 불행을 느낍니다. 여기서 우리는 행복·불행을 느끼는 조건이 외부에 있다는 사실을 알 수 있어요. 경계에 끄달리는 겁니다. 경계라는 건 아무리 좋게 만들려고 해도 좋게 만들 수 없습니다. 내 의지로 할 수 있는 것이 아니니까요.

중도는 다른 말로 '나를 바로 보자'는 의미입니다. 나를 바로 못 보기 때문에 일희일비하는 겁니다. 외적인 조건은 내가 고칠 수 없어요. 그러나 내가 나의 내면을 고치는 것은 가능해요. 이것을 고치면 외부의 조건이나 경계에 상관없이, 내가 그것을 수용하면서 행복감을 느낄 수 있게 됩니다. 진정한 행복을 얻기 위해서는 나를 바로 볼 수 있어야 합니다.

여러분들 생각에 '나를 바로 보자'는 게 무슨 소리일까 싶을 겁니다. '나를 바로 본다'는 게 대체 뭘까요? 부처님은 바로 그걸 깨달은 겁니다. 지금 현재는 '나, 너'가 따로 있기 때문에, 이해관계가 얽히면 갈등이 일어나고 극단적인 싸움으로까지 번집니다. 그런데 부처님이 보니까 부모자식은 말할 것도 없고 인종, 민족, 종교를 초월해서 우리는 하나로 존재하고 있더라는 거예요. 그래서 태란습화, 유정무정의 모든 존재가 하나라는 겁니다. 그런데 우리는 그것을 모르니 늘 둘로 나누어 보면서 '사람이다, 짐승이다', '너다, 나다' 이렇게 구분하는 겁니다.

중도를 이해하면 삶이 달라진다

외적인 형상은 다르더라도 본질은 하나입니다. 그 본질을 중도라 하고, 연기(緣起)·무아(無我)·공(空)이라 하기도 합니다. 이름은 다르더라도 본질은 하나입니다. 이 본질인 중도, 연기, 무아, 공을 이해하는 것이 불교입니다. 부처님은 이것을 알리는 것이 가장 쉽게 행복해지는 방법이라는 사실을 알고 있었어요. 부처님 본인도 아마 그 사실을 깨닫는 순간 완벽한 행복을 얻을 수 있었던 것 같습니다.

제가 자주 예로 드는 것이 하나 있습니다. 핵심을 바로 이야기 하는 것은 아니지만, 이해를 돕는 데는 아주 괜찮은 비유입니다. 시골에서 새끼 보셨죠? 가마니 보셨죠? 그 둘은 서로 다른 제품입니다. 그런데 그 제품들의 재료는 뭡니까? 짚이죠. 제가 강조하는 본질, 즉 '무아·공'의 핵심은 '짚'이나 마찬가지입니다. 우리는 제품입니다. 그런데 우리는 스스로를 제품이라고 생각하지 않아요. 바로 그게 문제입니다. 부부 간에도 서로 다른 제품이라는 걸 인정해야 합니다. 그걸 인정하지 않으니 티격태격할 수밖에요. 하지만 두 제품도 '짚'이라는 본질은 똑같습니다. 이것이 바로 '무아·공'을 이해하기 위한 핵심입니다. 수백 가지 제품이 있지만, 재료는 모두 똑같은 '짚'이에요. 이걸 이해하고 깨닫는 것이 불교입니다.

정리하겠습니다. 지금까지 우리는 '나가 있다'고 생각해 왔습니다. 그런데 '나'라는 존재가 '무아·공'인 줄 알면 모든 고통에서 벗어난다. 그럼 왜 '무아·공'이냐. 모든 존재와 현상들이 서로 연기법으로 얽혀있기 때문에 '무아'이고 '공'입니다. 이게 무슨 소리냐면, 우리가 단일하게 독립돼 있지 않다는 말이에요. 존재들이 개별적으로 독립돼 있다고 이해하면 집착을 하게 됩니다. 그러나 우리는 지수화풍(地水火風) 사대(四大)로 이루어져 있고, 오온(五蘊, 色受想行識)으로 이루어져 있습니다. 이것들이 서로 영향을 주고받으면서 변화가 생기고 존재가 생성하고 소멸하는 것입니다. 그것을 이해하는 것이 '무아·공'입니다.

그럼 뭐가 중도냐. 내가 '무아·공'인 줄 알고 행위하는 것입니다. 그렇게 살면 '나'에 대한 집착을 떠나고 비우고 살기 때문에, 우리 모두 행복해지는 길이 열립니다. '나'를 비우면, 내가 중도로서 존재하고 행위한다는 것을 알게 되고 일희일비하지 않게 됩니다. 우리가 중도를 이해하면 삶이 확연히 달라지는 것이죠. 중도의 사고방식은 이기심에서 비롯된 것이 아니기 때문에, 사고의 폭이 넓어지고 훨씬 지혜로워질 수 있습니다. 그러므로 우리의 삶 속에서 무엇보다 중도를 이해하는 것이 중요합니다. 중도를 더 깊이 이해하시려면 성철 스님의 『백일법문』을 읽어 보시길 권합니다. 우리가 지혜로운 삶을 살 수 있는 길이 바로 중도에 있습니다.

대원 스님

상주 남장사에서 고암 스님을 은사로 출가.
동산 스님을 계사로 구족계를 수지했으며
고암 스님으로부터 학산(鶴山)이라는 법호와
전법게를 받았다. 오랜 세월 참선수행에
몰두한 선승으로서 전국수좌회 수석대표를
역임했으며, 2013년 조계종 원로의원으로
추대되었다. 1986년 고암 스님의 유지를
받들어 제석사 옛터에 학림사를 세우고,
납자들을 위한 오등선원과 일반 불자들을
위한 시민선원을 열었다. 『반야심경: 무구자
도인주해』, 『대주선사어록 강설 上·下』를
비롯한 다수의 강설집을 통해 선의 대중화에
전력하고 있다. 현재 학림사 오등선원 조실로
주석하고 있다.

자기 자신의 괴로움이 해결 안 된 상태에서 기업을
운영하고, 정치를 하고, 철학을 하고,
학문을 하는 사람들은 100% 실패합니다.
내 괴로움을 해결하지 않은 채 현실을 살면 끊임없이
문제가 따라오는 것입니다. 가정이나 사회,
모든 곳에서 항상 시비분별과 불협화음의 고뇌 속에
살게 됩니다. 고통과 근심이 그칠 날이 없어요.
그러나 자신의 괴로움이 해결된 사람이 기업가,
정치가, 학자가 된다면 그야말로 극락세계와
다름없이 평안한 삶을 살게 되는 것입니다.

가장 먼저 해야 할 일

오늘 제가 "법문을 하려고 법상에 올라왔다"고 한다면, 저는 주장자로 30방을 맞아야 할 사람입니다. 법문을 '한다'고 하면, 맑고 깨끗한 얼굴에 상처를 입혀 추하게 만드는 것이에요. 그래서 제가 30방을 맞아야 한다고 말했습니다. 법상에 올라와서 말을 하면 좋은 얼굴에 흠집을 내는 격인데, 그냥 말없이 가버리면 여기 모이신 여러분들의 뜻을 어기게 되는 것이지요. 어떻게 하면 아무 문제없이 평화롭게 해결할 수 있을까요?

"이미 밥을 올려드려 마쳤습니다"

지금까지 법문 많이 들으셨죠? 하지만 듣는 것만 가지고는 안 됩니다. 듣고 공부해서 체험하지 않는다면, 탁상공론의 이야기일 뿐입니다. 밥도 한 그릇 먹어보고 귤도 까서 한 입 먹어야 맛을 알지, 매일 밥 먹는 이야기나 반찬 만드는 이야기만 하고 먹어보지 못하면 무슨 소용이 있겠습니까.

한 스님이 밤늦게 산을 지나가다, 근처의 절에 가서 하룻밤 묵을 것을 청하고는 편안하게 잘 잤습니다. 그런데 아침에 일어났는데 그 절 스님이 아침밥을 주지 않더랍니다. 왜 밥을 주지 않느냐고 따지듯 물으니, "우리는 아침에 예불을 했는데 스님은 안 하셨잖아요."라는 게 아니겠어요. 그러자 이 객스님이 "아, 나는 자성이 청정하여 본래 부처이거늘 어느 곳에 따로 예불을 하겠는가. 나는 이미 다 해서 마쳤소."라고 말했답니다. 그랬더니 "예, 저도 이미 밥을 올려드려 마쳤습니다."라고 대답하더랍니다. 그렇게 객스님은 밥 한 그릇도 못 먹고 쫓겨나게 된 거지요.

어떻습니까? 이제 "마음으로 다 해서 마쳤다"는 말이 잘못되었다는 것을 아시겠지요. 어떤 불자들은 '뭐 절에 갈 거 있나, 집에서 벌써 다 했다'라고들 합니다. 이렇게 생각한다면 집에 가서 식구들 밥 주지 마세요. 마음으로 다 해줬는데, 굳이 뭐하러 다시 상을 차립니까. 법문도 마찬가지예요. 아무리 법문을 많이 들어도 실천에 옮기는 공부를 하지 않으면 소용이 없어요. 법을 들으면 반드시 실천에 옮겨야 합니다. 그런데 제가 법문을 하면 얼굴에 흠집을 내게 되고, 법문을 하지 않는다면 여러분 뜻을 어기게 되는 것이니 어떻게 해야 할까요.

어느 날 외도(外道)의 선인(仙人)이 부처님께 와서 절을 하고 물었습니다. "말 있음을 묻지 않고, 말 없음을 묻지 않습니다. 이에 대한 답을 해주십시오." 그때 부처님께서는 정좌를 하고는 묵묵히 양구(良久)하셨다고 합니다. 그러자 선인이 다시 절을 하며 "부처님! 무상(無上)의 큰 법을 말씀해주셔서 대단히 감사합니다." 하고는 돌아갔어요. 이를 지켜보던 아난 존자가 부처님께 여쭈었습니다. "부처님께서는 한 말씀도 하지 않으셨는데 그 선인은 무상의 대법문을 잘 들었다고 하니, 어떻게 된 것인지 잘 모르겠습니다." 부처님께서 아난 존자에게 "영리한 말은 채찍 그림자만 봐도 천 리를 달리느니라."라고 말씀하셨습니다.

『금강경』의 「무득무설분(無得無說分)」에 나오는 말씀입니다. '얻을 것도 없고, 설할 것도 없다'는 뜻이지요. 이 차원을 바로 안다면, 지금 저보고 "스님, 다 압니다. 어서 그만 내려오세요." 할 겁니다. 이것이 이심전심(以心傳心)의 도리입니다.

일어설 줄 알아야 걸을 줄 알게 된다

「무득무설분」에는 "무유정법명아뇩다라삼먁삼보리(無有定法名阿耨多羅三藐三菩提)"라는 구절이 있습니다.

'가장 높고 바른 깨달음이라 정해진 법(法)이 없다'는 뜻이지요. 모든 법은 '본래' 법이라고 할 게 없습니다. 또한 본래 우리 모두는 빠짐없이 두루 갖추고 있습니다. 어느 사람은 낮고 미천하며, 어느 사람은 높고 크고 그렇지가 않아요. 다 똑같이 갖추고 있습니다. 저와 여러분이 다를 것 없고, 부처님과 내가 다르지 않다는 것입니다. 완벽히 똑같이 갖추고 있는데 왜 꼭 가르침을 들어야 하고, 깨달아야 하고, 공부를 해야 하느냔 소리지요. 이것을 바로 알게 되면 견성(見性)하게 되는 것입니다.

"무위법(無爲法) 이유차별(而有差別)"이라 했습니다. '일체 성인·범부가 정한 바 없이 저절로 이루어지는 무위법 때문에 각각 모양을 다르게 나타낸다'는 뜻입니다. '정한 바 없는 법'이지만 '무한히 차별을 한다'는 겁니다. 참 기가 막힙니다. 일체가 '없다'는 것이에요. 부처도, 조사도, 성인도, 범부도 없어요. 헌데 없으나 아주 없는 것이 아닙니다. 부처, 조사, 성인, 범부 등 많은 것들이 존재하지 않습니까?

이 말은 무한한 세계와 차별 세계가 존재한다는 이야기예요. 그렇다면 이 세상에 존재하는 모든 것들은 있는 것입니까, 없는 것입니까? '있다'라고 하면 있다고 하는 데 집착하게 되고, '없다'라고 하면 없다고 단정 지어버리는 사람이 되고 맙니다. 그렇다고 '있는 것도 아니고 없는 것도 아니다'라고 하더라도 틀린 말이 됩니다. 그럼 뭐라고 하겠습니까?

'구모토각(龜毛兎角)'이라는 말이 있습니다. 거북이의 털과

토끼의 뿔입니다. 거북이 털이나 토끼 뿔을 본 적이 있습니까? 누구도 본 적은 없지만 그것의 이름이 있습니다. 현실 세상에 있는 모든 존재가 이렇게 표현된다는 말입니다. '실체가 없다'는 것을 이렇게 비유했어요. 또 이렇게 말해 보겠습니다. "당신의 마음을 꺼내 보여주세요." 마음이라는 게 있는 것은 같은데, 실체가 없지요. 하지만 이름은 있지 않습니까. 실체가 뚜렷한 물건은 아니지만 아주 없는 것이 아니지요.

이 일체법의 도리를 아는 사람은 욕계(欲界)·색계(色界)·무색계(無色界)를 뛰어넘어 어디에도 견줄 바 없는 대장부가 됩니다. 삼계에 걸림이 없는 무한한 세계에서 무궁무진한 복과 지혜, 만 가지 덕을 구슬 굴리듯 마음대로 굴리며 살 수 있습니다. 그런데 이렇게 말을 하면 '내가 부처님이라고? 모든 법이 본래 정한 바 없는 진짜 진리이니 공부 안 해도 되겠네.'라고 생각하는 수가 있습니다. 그러나 가만히 있으면 안 돼요. 실천하는 공부를 하지 않으면 시작도 안 하느니만 못하게 됩니다. '아! 그렇구나' 하고, 실제로 행해야 합니다. 일어설 줄 알아야, 걸을 줄 알게 됩니다.

이뭣고! 자기 문제를 먼저 해결하라

현실에서 가장 시급하게 해결해야 할 일이 무엇인가 하면, 우선 생활고입니다. 생명을 보존하려면 먹고 살아야 하지요. 생활고를 벗어나는 것을 목적으로 살다보니 과학기술과 물질문명이 발달하게 됩니다. 하지만 그렇게 해서 생활고를 벗어났다 해도 괴로움이 끝나지 않습니다. 자기 자신의 괴로움이 해결 안 된 상태에서 기업을 운영하고, 정치를 하고, 철학을 하고, 학문을 하는 사람들은 100% 실패합니다. 내 괴로움을 해결하지 않은 채 현실을 살면 끊임없이 문제가 따라오는 것입니다. 가정이나 사회, 모든 곳에서 항상 시비분별과 불협화음의 고뇌 속에 살게 됩니다. 고통과 근심이 그칠 날이 없어요. 그러나 자신의 괴로움이 해결된 사람이 기업가, 정치가, 학자가 된다면 그야말로 극락세계와 다름없이 평안한 삶을 살게 되는 것입니다.

부처님은 "과거에 지나간 것은 생각하지 말라. 앞으로 다가올 것도 미리 걱정하지 말라. 눈앞의 현실에 닥쳐있는 문제, 바로 '너 자신'을 먼저 해결하라. 이것을 해결하며 현재를 살아가는 사람은 만족하는 삶을 살 수 있다."고 말씀하셨습니다. 그래서 부처님께서 이 공부를 해야 한다고 가르치신 겁니다. '이뭣고', 이놈은 무엇인고. 선(禪)이라고 하는 것을 어렵게 생각하지 마세요. 참선은 상근기인 사람만 하는 것이라고 잘못 알고서는

'훌륭한 사람들이나 하지, 우리는 미약한데 어떻게 합니까?'라고 여길 필요 없습니다. 참선이라는 자체에는 높고 낮음이 없기 때문입니다. 부처님은 보리수나무 밑에서 '나는 무엇인고'라는 생각으로 참선하여 깨달았습니다. 그렇게 나의 존재를 괴로움으로부터 영원히 벗어나게 했어요. 괴로움에서 벗어나는 것은 누구나 할 수 있습니다.

노력을 덜해서 괴로움으로부터 벗어나지 못할 뿐입니다. 이렇게 좋은 길을 가르쳐주었는데, 듣기만 하고 행하지 않는 것은 여러분의 허물이에요. 남을 원망할 일이 아닙니다.

안이동아취목적(眼裏瞳兒吹木笛)하고
일편무하만고휘(一片無瑕萬古輝)로다.
눈동자 속에 아이가 나무피리를 떡하니 불고 있는데,
한 조각의 티도 없어 만고에 비춰나가 밝기만 하노라.

성불하십시오. 할!

혜
거
스
님

1959년 영은사에서 탄허 스님을 은사로
득도했다. 1961년 월정사에서 범룡 스님을
계사로 사미계와 구족계를 수지했으며
탄허 스님 회상에서 대교과를 수료했다.
영은사에서 역경사 양성 3년 결사에
동참했으며 김제 흥복사 선원 등에서
수행정진했다. 1988년 서울 개포동에
금강선원을 개원해 재가불자들의 선수행을
지도하고 있다. 저서로는 『참나』, 『혜거
스님의 금강경 강설』, 『유식 30송 강의』,
『15분 집중공부법』 등이 있다. 현재
탄허불교문화재단 이사장으로서 은사스님의
유지를 이어가고 있다.

우리의 눈, 귀, 코, 입은 늘 밖을 향해 있어요.
반조는 이들을 안으로 되돌리는 것입니다.
밖의 사물에 끄달리지 않고 내 안을 들여다보는
회광반조(廻光返照)야말로 참선 수행의 기초입니다.
기초를 잘 다졌을 때 수행은 급진전하기 마련입니다.
어떠한 상황에 처해서도 반조하는 것이야말로
수행의 처음이자 마지막입니다.

참회와 반조는
수행의 처음이자 마지막이다

『금강경』은 저와 특별한 인연이 있습니다. 월정사에서 행자로 살때, 불공 시식 등 수계받기 전에 외워야 할 책들이 참으로 많았습니다. 그 중에서도 『금강경』을 애독했습니다. 『금강경』을 하도 자주 외우고 다녀 사람들은 저를 '수보리 행자'라 불렀습니다. 외울 때 시끄럽다고 해서 '하이고(何以故) 행자'라고도 놀렸지요.

자신의 허물을 보는 데서 운명이 바뀐다

20대 때부터 『금강경』을 수없이 강의해 오면서 스스로 『금강경』 만큼은 확실히 통달하고 있다고 자임하던 터였습니다. 하지만 조계종 교육원의 요청으로 스님들에게 특별 강의를 하기 위해 얼마 전 경전을 들췄는데, 새롭게 다가오는 내용이 적지 않더군요. 그래서 다시 찬찬히 구절구절을 되새기고 있습니다.

여기에 송나라 때 야보 도천(冶父道川) 스님의 『금강경 야보송 강설』을 갖고 왔습니다. 스님의 게송은 일상 속어와 격언으로 착어(着語)하고 있는 것이 특징입니다. 곧 경문을 딱딱하게 직해(直解)하기보다는, 쉽고 친절한 주석을 통해 『금강경』을 그 시대에 어떻게 이해할 것인가를 가르치고 있는 것입니다. 이는 『금강경』이 현대적 현실에서 어떻게 이해하면 될 것인가에 대한 답을 제공하기도 합니다.

『금강경』은 부처님의 10대 제자 가운데 수보리(須菩提) 존자가 오만한 마음을 떨치는 내용을 담고 있습니다. 부처님이 『금강경』을 설하게 된 연유를 밝힌 「법회인유분(法會因由分)」 제일(第一)은 『금강경』 전반을 이해할 수 있게 합니다. 경의 첫머리에 '사위국 기수급고독원(舍衛國 祇樹祇孤獨園)'이란 말이 나오는데, 이곳은 원래 인도 사위국의 태자 기타(祇陀)가 소유한 땅이었습니다. 수보리의 삼촌인 '급고독 장자'가 그 땅을 사서 사찰을 건립해 부처님께 바쳤고, 부처님이 그곳에 머물면서 설한 법문 내용이 바로 『금강경』입니다.

수보리 존자는 부처님의 모든 제자를 능가할 정도로 지혜가 뛰어났습니다. 결국 자신 이외의 수행자는 수행자로 취급하지 않을 정도로 오만에 빠져 있었지요. 그러나 부처님의 가르침에 힘입어 수보리 존자는 자신을 돌아보고 잘못을 뉘우치게 됩니다. 자신을 간절한 마음으로 돌이켜 봄으로써, 자신의 근본에서 자기 업처(業處)를 찾을 수 있었던 것입니다. 자기 업처란 돈과 명예에 대한 탐욕과 질투를 의미하며, 내가 업처에 빠져있다는 것을 알면 바로 고칠 수도 있습니다.

수보리는 자신의 업처가 오만이란 것을 알았습니다. 그리고 업처를 없애려면 어떻게 할까 고민했습니다. 수보리는 오만을 다스리려고 자비심을 수행했습니다. 자비관(慈悲觀) 수행을 하면서 수보리에게는 상상도 못할 일이 생기게 됩니다. 탁발을 나가기만 하면 수보리 앞에 신도들의 보시물이 가장 많이 쌓였던 것이죠. 오만이 자비심으로 변하면서 환희심도 나타났습니다.

여러분도 이렇듯 업처를 잘 관찰해서 극복해야만 운명이 바뀝니다. 자비관을 세우는 것이란 제9분 「일상무상분(一相無相分)」에서 설명하듯 '무쟁삼매(無諍三昧)'로서 다툼이 없는 삼매에 드는 것을 가리킵니다. 자비관법으로 무쟁삼매를 이루면 참다운 인생의 성공을 맛볼 수 있습니다. 무쟁삼매를 이루려면 지나온 삶을 되돌아보며 스스로 고칠 것이 무엇인지를 잘 살펴야 합니다.

진정으로 마음을 잘 쓰는 방법

제2분 「선현기청분(善現起請分)」에서는 '응운하주(應云何住)', 곧 어떻게 살아야 하는가에 대한 가르침이 나옵니다. '운하강복기심(云何降伏基心)'이란 구절이 보이는데, 이는 내 마음을 갖고서 마음대로 쓰려면 먼저 마음을 극복할 줄 알아야 한다는 것입니다. '강복'은 극복과 같은 말인데, 「선현기청분」은 마음을 극복해서 진정으로 마음을 잘 쓰는 방법에 관한 내용을 담았습니다.

야보 스님은 마음을 현실에서 극복해야 한다고 강조했어요. 제5분 「여리실견분(如理實見分)」에서는 몸으로는 부처님을 볼 수 없다는 취지로 '산은 산이요 물은 물이니, 부처님은 어느 곳에 계시는가'라는 게송으로 말하고 있습니다. '산은 산이요 물은 물이로다'는 실제로 눈에 보이는 산이라도 정작 근본자리로 가 보면 진짜 산이 아니고, 모든 형상이 곧 근본 형상이 아님을 가리킵니다. 이는 우리가 전생을 궁금해 할 필요가 없고 내세도 궁금해 할 이유가 없으며, 지금 내가 바로 전생이고 내세이니 있는 그대로의 모습을 보라는 가르침입니다.

또한 야보 스님은 제7분 「무득무설분(無得無說分)」에 나오는 최상의 지혜인 '아뇩다라삼먁삼보리'가 무엇인지를 밝히는 주석을 적었습니다. '강북의 탱자가 강남의 귤이라네. 봄이 오면 모두 똑같은 꽃인 것을'이라는 구절이 눈에 뜁니다. 이 말은 춘추시대 제나라의 안자(晏子)가 초나라 사신으로 가서 초나라 왕과 나눈 고사에서 유래한 것입니다. '귤을 북쪽에 심으면 탱자'라는 것은 '삿된 사람이 바른 법을 설하면 정법이 모두 삿된 법으로

돌아간다'는 비유를 말합니다. 또한 '탱자를 남쪽에 심으면 귤'
이란 비유에서는 '바른 사람이 삿된 법을 설하면 삿된 법이 모두
정법(正法)으로 돌아간다'는 내용을 말하고 있어요.

　요컨대 같은 마음을 내더라도 누가 마음을 내느냐에 따라
마음의 결이 달라지는 것이니, 우리는 우리의 심성을 정화하기
위한 노력을 게을리 해선 안 됩니다. 수보리 존자가 경전에서 하
심(下心)하는 법을 말한 대목도 마찬가지예요. "베풀더라도 베푼
다는 마음 없이 베풀라"는 무주상보시(無住相布施)만이 나와 너의
차별을 두지 않는 진정한 공덕으로 회향됩니다. 잘한 것만 기억
하고 잘못한 것을 기억하지 못하면, 잘못한 일을 다시 되풀이하
게 마련입니다. 자기의 모자란 것을 봐야 자기가 얼마나 부족한
사람인지 알 수 있어요. 『금강경』은 자기 잘못에 대한 성찰을 역
설하고 있는 경전입니다.

기초를 잘 다졌을 때 수행은 급진전한다

사실 마음은 형체가 없기 때문에 시간적으로는 과거 · 현재 · 미
래를 넘나들고, 공간적으로는 이 세상에 못 가는 곳이 없어요.
이런저런 마음이 일어나는 것은 허물이 아닙니다. 단지 마음이
일어난 줄도 모르고 헤매고 헤매는 것이 문제일 따름입니다.

그러므로 공부를 지어가다 번뇌망상이 생겼을 때는 번뇌망상이 생겼음을 바로 알아차려야 해요. 알아차리면 즉시 번뇌망상이 사라진다는 것을 알 수 있어요. 그러나 바로 뒤따라 다른 생각이 일어나는 것이 문제입니다. 우리는 백천만 가지 망념이 일어났다 사라져도 알아차리지 못할 뿐만 아니라 그것이 망념인 줄도 모릅니다. 그러나 이미 망념인 줄 알면 아는 순간 망념은 사라지고 맙니다.

수행자는 늘 마음을 시선 가는 곳에 둬야 해요. 행동 하나하나를 철저하게 자각하며 몸의 움직임과 마음의 변화를 주의 깊게 관찰해야 합니다. 단지 알아차려 바라볼 뿐 그 감정의 물결에 휩쓸리지 말고, 이것은 좋고 저것은 나쁘다는 식으로 판단하지도 말아야 해요. 선(禪)이 깊어지고 마음이 고요해지면, '나'라고 하는 느낌이 없어집니다. 그리고 그때 비로소 마음의 문이 열립니다.

모든 공부는 결국 스스로의 마음을 돌아보는 반조(返照)입니다. 반조에는 세 가지 단계가 있어요. 첫 단계는 누가 잘못된 말이나 행동을 했을 때, 그 사람의 허물을 보는 것이 아니라 얼른 자신을 되돌아보는 것입니다. '나라면 이 상황에서 어떻게 했을까?'라고 돌이켜보면 바로 상대의 허물이 이해가 가고 나는 저렇게 하지 않겠다는 마음이 생길 것입니다.

두 번째는 자신을 돌이켜 보는 것입니다. 자신을 계속 살펴고 살펴보면 모자람이 큰 산과 같고 온통 허망할 뿐이며, 나이만 먹었을 뿐 내놓을 것이 하나도 없다는 사실을 알게 됩니다. 더 나아가 자기의 부족한 점과 허물된 자리를 살펴서 반조해야 해요. 허물자리가 곧 중생이요, 허물이 없으면 바로 부처임을 알게 될 것입니다.

세 번째는 밖으로 향한 것들을 모두 안으로 돌리는 것입니다. 우리의 눈, 귀, 코, 입은 늘 밖을 향해 있어요. 반조는 이들을 안으로 되돌리는 것입니다. 밖의 사물에 끄달리지 않고 내 안을 들여다보는 회광반조(廻光返照)야말로 참선 수행의 기초입니다. 기초를 잘 다졌을 때 수행은 급진전하기 마련입니다. 어떠한 상황에 처해서도 반조하는 것이야말로 수행의 처음이자 마지막입니다.

참된 반조를 하게 되면 진정한 참회가 이루어집니다. 그리고 참된 반조가 더욱 깊게 이루어지면 참회조차 사라져요. 참회 그 자체가 참 반조이고, 참 반조가 참회 그 자체이기 때문입니다. 따라서 완전한 반조가 이루어지면 참회할 것도 없어지고 마는 것이죠. 아무쪼록 밖으로 구하지 말고 이룰 것을 찾지도 말며, 오직 반조하고 반조하기를 바랍니다. 마침내 풍랑이 멎어 맑은 물처럼 허물이 없어져서 청정한 마음이 되도록 참회하고 반조하는 것, 이것이 진정한 마음 닦는 길임을 명심하세요.

혜
남
스
님

부산 대각사에서 고불 스님을 은사, 월하
스님을 계사로 사미계를, 부산 범어사에서
석암 스님을 계사로 비구계를 수지했다. 해남
대흥사 강원에서 운기 스님으로부터 전강을
받았으며, 일본 도쿄의 다이쇼(大正)대학을
졸업하고 동대학원 박사과정을 수료했다.
동국대 강사, 해인사 · 법주사 · 통도사
승가대학장, 은해사 승가대학원장,
중앙승가대학 역경학과 교수를 역임했다.
저서에 『보현행원품 강설』, 『꽃향기도 훔치지
말라』, 『절 안의 생활, 절 속의 문화재』가 있고
『화엄경탐현기』, 『유행경』을 번역했다. 현재
중앙승가대학 명예교수, 영축총림 통도사
전계사, 영축율원 율주를 맡고 있다.

우리는 기도할 때 어떻게 해야 하느냐,
일체 중생에게는 다 불성이 있다는 것을 믿고
부처님 법대로 살면 됩니다. 기도를 하는 사람은
입으로 부처님이 하신 말씀을 말하고,
생각은 부처님이 하신 생각을 하고, 몸은 부처님이
행동하신 대로 행동을 해야 한다는 것이에요.
부처님이 나와 항상 함께하는 것입니다.

부처님 되는 기도

여러분께서는 어떤 기도를 하고 계십니까? '안 좋은 것은 싹 쓸어 없애고, 좋은 일은 더 좋게 되도록 해주십시오' 하고 기도를 하지요. 기도에는 '지금보다 좀 더 잘 살게 해주세요' 하며 현세의 이익을 추구하는 기도가 있고, 불도(佛道)를 이루기 위해서 하는 기도가 있습니다. 불자라면 우리도 부처님같이 되기 위한 기도를 해야 합니다. 오늘은 기도를 잘하면 그 공덕으로 여러분들이 바로 부처님이 될 수 있다는 이야기를 해드리고 싶습니다.

작은 것을 버릴 수 있는 용기

가령 '시험에 합격하게 해 주세요'라고 수험자가 기도를 한다고 합시다. 정원은 100명인데 시험 붙게 해달라고 기도하는 사람은

200명일 수도 있습니다. 그럼 부처님도 참 골치 아프실 거란 말입니다. 시험에 합격하려면 부처님께 기도하는 것도 중요하지만 먼저 공부를 열심히 해야 해요. 합격할 만한 성적이 나와야 합격할 것이고, 공부하지 않고 성적이 나올 리가 없겠지요. 또한 내가 그 시험에 합격해서, 그 직책에 나아가 중생들을 위해 어떤 일을 할 것인가가 더 중요합니다. 요즘 학교시험도 필기시험뿐만 아니라 면접을 통해서 인간성도 봅니다. 그래서 무엇을, 어떻게 해야겠다는 발원이 중요하다는 겁니다.

두 번째로 불도를 이루기 위한 기도를 하려고 한다면 먼저 자기 업장을 참회해야 해요. 보배를 한 광주리에 담으려고 하면 우선 광주리 안에 있는 잡동사니를 다 버려야 하지요. 그릇을 비우지 않으면 보배를 담을 수 없습니다. 어리석음에 대한 비유로 '인삼을 쥐고 금을 버린다'라는 이야기가 있습니다. 옛날 어떤 사람이 인삼을 양손에 가득 쥐고 강을 건너는데 큰 금덩어리를 만났어요. 금이 참 갖고 싶지만, 여태까지 가지고 온 인삼이 아까운 거예요. 그래서 인삼을 버리지 못하고 어쩔 수 없이 금을 버리고 간다는 이야기입니다. 더 큰 것을 얻으려고 하면 작은 것은 버릴 수 있는 용기를 내야 합니다.

이때 도를 이루기 위해 버릴 작은 것은 무엇이냐. 오욕락(五慾樂)을 얻기 위해 몸으로, 입으로, 마음으로 짓는 십악(十惡)이라는 행위입니다. 이 열 가지 악을 참회하려면 반대로 바꿔버리면 되는 것이에요. 예를 들면 생명을 해코지하지 않을 뿐만 아니라 생명을 사랑하고, 죽게 된 생명을 살려 준다 이것이지요.

계율 중에는 섭율의계(攝律儀戒)가 있습니다. '나쁜 일 하지 마라' 하는 계율입니다. 생명에 대한 자비심을 갖고 초목이라도 함부로 꺾지 말라는 것입니다. 더 나아가서는 무생물도 함부로 파괴하지 말라는 것입니다. 큰 바위를 깨트리면 폭우가 쏟아지는 날 산사태가 나기도 하잖아요. 모든 존재에 대해 '이것에도 불성이 있다' 하는 자비심을 가져야 합니다.

내가 가지고 있는 것을 베풀어 주고, 마음을 깨끗하게 합시다. 물이 맑으면 하늘에 떠있는 달의 그림자가 물에 그대로 비치는데, 내 마음도 맑으면 내 자성부처가 저절로 드러납니다. 진실하게 말하고, 부드럽게 말하고, 남을 화합시키는 올바른 언어생활을 합시다. 그 다음에는 무엇을 탐내는 대신 베푸는 생활을 하고, 화내는 대신 자비심을 갖고, 어리석은 사견을 버리고 참다운 지혜를 가지고 삽시다.

이 세상은 왜 괴로운 것인가?

우리가 짓는 모든 악업은 '나'라고 하는 생각 때문에 일어납니다. '나'라고 하는 생각은 어디에서 일어나느냐, 상대적인 데서

옵니다. 남과 나를 견주니까 나보다 못한 사람과 견주면 아만심이 생기고, 나보다 잘난 사람과 견주면 질투심이 납니다. 오로지 내 길을 묵묵히 갈 뿐이지 남을 의식할 필요가 없어요. 운동선수들도 그런 말을 합니다. 주변을 의식하지 않고 한 생각으로만 달린다고 말입니다. 정신을 딱 집중해서 마음을 옆으로 두지 않고 한 길로 가면 악업이 다 소멸됩니다.

이 세상은 괴롭습니다. 즐거운 것도 많은데 왜 자꾸 괴롭다 그러느냐? 즐거움이 무너질 때가 괴롭다는 것입니다. 괴로움의 원인은 집착 때문이에요. 맛을 아는 사람일수록 맛좋은 음식을 구하듯이 있는 사람이 더 가지려고 해요. 갈애(渴愛) 때문에 그렇습니다. 끊을 때 딱 끊을 줄 알아야 합니다.

그렇다면 우리가 바라는 이상세계는 무엇이냐, 적멸(寂滅)입니다. 적멸이란 일체 근심걱정, 번뇌망상, 고통이 다 없어진 세계입니다. 그곳에서는 나고 죽고 하는 것이 없어요. 『반야심경』에서도 말하듯이 불생불멸, 일찍이 그 자리는 태어남이 없기 때문에 죽을 일도 없고, 더할 것도 덜할 것도 없고, 깨끗할 것도 더러울 것도 없는 그런 자리입니다.

그 자리에 들어가기 위해서는 불도를 닦아야 합니다. 가장 기본적인 것이 팔정도(八正道)입니다. 팔정도를 잘 수행하고, 십선도(十善道)를 닦으면서 사성제의 진리를 잘 관찰하면 성문, 아라한이 될 수 있어요. 십선도를 지키면서 십이인연(十二因緣)을

잘 관찰한다면 연각, 독성이 되지요. 십이인연을 닦으며 십바라
밀을 잘 실천하면 보살이 됩니다. 십선도를 닦으면서 사무량심
을 일으켜 사홍서원을 새기고, 십팔불공법(十八不共法)과 십사무
애력(十四無碍力)을 닦으면 부처님이 된다 했어요. 불도를 닦는 기
본이 바로 십선도라는 말입니다.

"지금 말하는 그대의 말소리가 바로 부처이다"

그럼 우리는 기도할 때 어떻게 해야 하느냐, 일체 중생에게는 다
불성이 있다는 것을 믿고 부처님 법대로 살면 됩니다. 기도를 하
는 사람은 입으로 부처님이 하신 말씀을 말하고, 생각은 부처님
이 하신 생각을 하고, 몸은 부처님이 행동하신 대로 행동을 해야
한다는 것이에요. 부처님이 나와 항상 함께하는 것입니다. 그런
도리를 가장 잘 행한 사람은 선혜(善慧) 대사입니다. 그 분이 이
런 게송 한 구절을 지었습니다.

> 야야포불면(夜夜抱佛眠) 밤마다 부처를 안고 자고
> 조조환공기(朝朝還共起) 아침마다 부처와 함께 일어난다.
> 기좌진상수(起坐鎭相隨) 걷고 머무름에 항상 서로 따르고
> 어묵동거지(語默同居止) 말하거나 침묵하는 것도 같이 한다.

혜
남
스
님

섬호불상리(纖毫不相離) 털끝만큼도 서로 떨어지지 않으니
여신영상사(如身影相似) 마치 몸과 그림자와 같다.
욕식불거처(欲識佛去處) 부처가 어디 있는지 알고자 하는가?
지저어성시(只這語聲是) 지금 말하는 그대의 말소리가 바로
부처이다.

부처님을 안고 자고 함께 일어나니, 앉거나 눕거나 항상 부처님과 함께한다는 것이지요. 몸과 그림자가 함께 따르는 것과 같습니다. 몸이 가면 그림자가 따라옵니다. 내가 몸이 가면서 그림자더러 '따라오지 마라' 할 수도 없고, 내가 바쁘니까 '네가 먼저 가거라' 할 수도 없어요. 본체가 움직이면 그림자는 항상 따라다니는 거예요.

때로는 어리석고 화를 내고 나쁜 생각을 일으켜도, 그 생각은 인연 따라 일어났다 멸합니다. 아무 실체가 없는 것입니다. 마음의 근본 바탕에는 착한 부처님 마음이 있다 이거예요. 그 마음은 우리하고 일시도 떨어지지 아니한다는 것을 굳게 믿어야 합니다. 그럼 기도성취 하는 것입니다.

부처님은 어디에 있습니까? 부처님이 계신 곳이 어디인가 하면, 지금 다만 말하는 그대 말소리가 부처님이다 이거예요. "석가모니불" 하는 것이 부처님이고, 관세음보살을 부르면 그것이 부처님이에요. 일체 모든 소리는 전부 부처님의 말씀입니다.

어느 경지에 다다르게 되면 소리, 빛깔, 일체 모든 것이 전부 부처님으로 보여요.

기도만 잘해도 그 속에 부처됨이 있습니다. 기도를 열심히 해서 마음의 귀가 열리면 모든 소리가 다 부처님 소리이고, 모든 빛깔, 모양도 다 부처님으로 보이게 됩니다. 수행자가 하는 기도 방법을 가르쳐드렸으니, 이 인연공덕으로 업장은 다 소멸되고 소원 성취하여 올 한 해도 편안히 잘 보내기를 바랍니다. 성불하세요.

혜남 스님

지환 스님

서울고등학교 1학년 재학시절 룸비니
불교학생회 활동을 통해 불교에 입문했다.
대학생불교연합회 구도부 시절 성철
스님을 만나 선 법문을 듣고 발심, 1967년
해인사에서 출가, 광덕 스님을 은사로 득도.
월간「불광」초대 주간, 불광법회 부법주로서
은사 광덕 스님을 보필했다. 해인사, 백양사,
운문암 등의 제방 선원에서 정진했으며
1998년부터 2001년까지 지리산 쌍계사
금당선원장을 맡았다. 이후 조계종
기본선원장을 역임하고 현재는 팔공총림
동화사의 유나를 맡고 있다.

생명의 실상인 본래면목, 마하반야바라밀,
우리의 참마음은 본래 맑고 밝아 한없이 자비롭고
활력이 넘치고 무한한 지혜가 원만합니다.
그런 까닭에 마하반야바라밀을 행하는 사람에게는
일체의 어둠이 존재하지 않습니다. 어떠한 고난도
그 마음에 어둠으로 남아 있지 않습니다.
구름이 지나가듯 지나갑니다. 항상 맑고 밝고
활기차고 기쁨과 환희가 가득한 모습이 바라밀 행자,
우리들의 모습입니다.

바라밀행으로
행복하게 살자

(죽비를 치고) 이 소리가 들립니까? (죽비를 들고) 이게 보입니까?

지금 이렇게 듣고 이렇게 보는 이 자리는 여여합니다. 그런데 우리는 있는 그대로 여여하게 보지 못하고 있는 그대로 여여하게 듣지 못하고 있습니다. 그래서 괴로운 삶을 사는 것입니다. 그 이유가 무엇일까요? 그것은 제 법문을 들으면서 여러분들이 답을 찾아보시기 바랍니다.

"부처와 중생이 다를 바가 없도다"

황벽 선사의 『전심법요』에 나오는 말씀입니다.

"모든 부처님과 일체 중생은 한 마음일 뿐 거기에는 어떤 법도 없다. 이 참마음은 본래 생기거나 없어진 적이 없다. 그것은 모든 한계와 분량, 개념과 언어, 자취와 상대성을 뛰어넘어 바로 그 상태 그대로일 뿐이다. 이 한 마음 그대로가 부처일 뿐이니, 부처와 중생이 새삼스레 다를 바가 없도다."

『전심법요』의 다른 구절입니다.

"본래 부처인 참마음 자리는 실로 그 어떤 것도 없도다. 탁 트이고 고요하여 밝고 오묘하며 안락할 따름이다. 스스로 깊이 깨달으면 당장 그 자리이므로 원만구족하여 모자람이 없도다."

이 구절을 정리해서 말씀드리겠습니다. 우리의 참마음을 저는 '진공심(眞空心)'이라고 표현합니다. 텅 빈 마음, 참마음, 진공심, 연기실상(緣起實相)은 모두 같은 말입니다. 이것은 본래 생기거나 없어진 적이 없습니다. 생겨나지 않기 때문에 사라지거나 없어지지도 않습니다. 본래 생멸이 없다는 말입니다. 우리의 참마음은 본래부터 텅 비었기에 오염될 수도 없습니다. 어떤 번뇌나 망상이 없어요. 청정합니다. 그래서 죄도 없고, 업장도 없고, 무명도 없습니다.

이상의 내용을 선에서는 "모든 생명이 본래 부처다, 본래부터 성불해 있다"고 말합니다. 이 말이 굉장히 중요합니다. 불광운동을 펼치신 광덕 스님께서 "내 생명이 본래 부처님 무량공덕 생명"이라고 하신 말씀이 그 뜻입니다. '우리의 생명 바탕이 부처님 무량공덕 생명이다, 이것을 내어 쓰기만 하면 된다'는 것이지요. 그래서 이 자리를 확인하고 나면 우리는 대지혜와 참사랑으로 자유자재한 해탈의 삶, 참다운 행복의 삶을 살게 된다는 뜻입니다.

본래 부처인데 왜 부처로서 살지 못하는가

부처님께서 보리수 아래서 처음 정각을 이루시고 하신 말씀입니다.

"아, 기특하고도 기특하구나. 일체 중생이 모두 여래의 지혜덕상을 갖추고 있구나."

이 표현은 지금까지 얘기한 내용들을 한 마디로 압축해서 표현한 것입니다. 여래의 지혜덕상을 갖추고 있다는 말은 일체 중생이 본래 부처라는 말입니다. 그런데 본래 부처임에도 왜 부처로서의 삶, 깨달음의 삶, 대지혜와 참사랑, 무애자재한 자유와 평화, 완전한 행복의 삶을 살지 못하는가. 이 까닭을 다음 구절에 요약해서 말씀하셨습니다.

"그런데 분별망상으로 부처의 삶을 살지 못하는구나."

우리는 본래 부처인데 '내가 알고 있는 나'를 '나'라고 동일시함으로 인해서 무한한 부처님의 생명력이 탐욕으로 굴절되어 나타나는 겁니다. 세상만사가 내 뜻대로 될 수 없으니 탐욕의 반작용으로 짜증이 나고 분노가 치밀어 오르는 진심(瞋心)이 따라 오는 것입니다. 이렇게 탐진치(貪瞋癡)의 근본 번뇌가 일어나서 다른 수많은 번뇌들을 일으킨 까닭에 괴롭게 살고 있는 것이 중생의 현실이라는 말입니다.

눈에 보이는 것은 눈입니까? 눈이 아닙니까? 눈에 보이는 현상들은 눈이 아닙니다. 그러면 마음으로 느껴지는 감정, 생각, 느낌 등은 마음이 아니라는 말도 성립합니다. 무엇이든지 일어난 마음은 조건에 의해서 일어난 현상이지 내 마음의 본질이 아닙니다. 마음의 바탕자리를 알아야 합니다.

불법(佛法)은 말과 생각과 이론에 있지 않습니다. 체험을 통한 감응이요, 바라밀 수행을 통한 참마음의 확인이며, 진리 공덕이 드러나는 삶입니다. 반야바라밀 수행의 특징 가운데 하나는 자기 마음속에서 자기 아닌 것을 비워버리는 것입니다. 색성향미촉(色聲香味觸), 이런 생명현상이 일어나는 '바탕'이 삶의 참모습입니다. 그런데 그런 현상들을 내 것이라고, 혹은 나라고 동일시하기 때문에 문제가 일어나는 것입니다. 자기 것이 아닌 것을 비워버리는 수행이 참으로 중요합니다. 나의 마음속에 본래 모습이 아닌 것, 참마음이 아닌 것을 비워버리는 것입니다. 본래면목답지 않은 것을 털어버리고 비워버리면서 나타나는 참마음을 내어 쓰는 수행이 반야바라밀 수행입니다.

생명의 실상인 본래면목, 마하반야바라밀, 우리의 참마음은 본래 맑고 밝아 한없이 자비롭고 활력이 넘치고 무한한 지혜가 원만합니다. 그런 까닭에 마하반야바라밀을 행하는 사람에게는 일체의 어둠이 존재하지 않습니다. 어떠한 고난도 그 마음에 어둠으로 남아 있지 않습니다. 구름이 지나가듯 지나갑니다. 항상 맑고 밝고 활기차고 기쁨과 환희가 가득한 모습이 바라밀 행자, 우리들의 모습입니다.

자비롭고 밝은 마음으로 감사하며 살면…

그럼 이제 어떻게 살아야 할 것인지에 대해 이야기해보려 합니다. 어떻게 살아야 하느냐? 첫째 밝은 마음으로 살아야 합니다. 밝은 마음이란 참마음의 지혜광명으로 표현되는 긍정적인 힘을 가지고 있는 마음입니다. 밝은 마음으로 살자는 것은 지혜롭고 걸림없는 마음으로 시원시원하게 살자는 것입니다. 평화로운 마음으로 평화롭게 살자는 것입니다. 환희로운 마음으로 기쁘게 살자는 것입니다. 싱그러운 마음으로 활기차게 살자는 것입니다. 이렇게 밝은 마음으로 사는 삶 앞에서는 모든 고난이 사라집니다. 긍정적인 말을 하며 밝게 살면, 밝은 것은 밝은 것을 끌고 오는 우주의 법칙에 의해서 밝은 일들이 내게 일어납니다.

둘째, 우리의 참마음이 자비광명이기 때문에 자비심으로 사랑하며 살자는 것입니다. 자비심으로 사랑하며 살면 부처님의 위신력이 나타나고 공덕이 성취되며 행복한 삶이 열리게 됩니다. 사랑이라는 감정은 우리 마음에서 송신할 수 있는 가장 높은 주파수의 파장이라고 합니다. 내가 만물과 모든 생명을 사랑할 수 있다면, 아니 내 주변의 사람들만이라도 사랑할 수 있다면 우리 인생은 달라질 수밖에 없습니다.

문제는 사랑이라는 주파수를 송신하려면 나 자신부터 사랑해야 하는데, 그렇게 하기가 쉽지 않다는 것입니다. 우리는 자신을 사랑한다고 생각하지만, 애착하고 있는 것이지 나를 사랑하고 있는 것이 아니에요. 사랑과 애착은 엄연히 다른 것입니다. 지금 보이는 자기의 겉모습만 보면 "나는 이렇게 못난 사람이야, 나는 이렇게 부족해."라고 말하는 사람들이 있습니다. 지금 보고 느끼는 것은 과거부터 누적되고 프로그래밍된 것을 보는 것이지, 나의 참모습이·아닙니다. 그럴 때마다 '내 생명 부처님 무량공덕 생명'을 관(觀)하세요. '내 생명 부처님 무량공덕 생명'을 느껴야 자기 자신을 사랑할 수 있고, 이 사랑 에너지로 남편을 온전하게 사랑할 수 있고 아내를 온전히 사랑할 수 있게 됩니다. 다른 생명들을 온전히 사랑할 수 있습니다. 사랑은 행복의 원천입니다.

셋째, 감사하는 마음입니다. 감사한 마음으로 살면 우리는 평화롭고 행복한 삶을 살 수 있습니다. "부처님 감사합니다" 이 마음으로 살면 감응이 일어납니다. 부처님과 통하게 됩니다. 부처님께 감사드리듯이 "부모님 감사합니다", "남편(아내) 감사합니다", 자식에게도 "고마워"라고 말하며 진심으로 감사하고 고마운 마음으로 살면 조화롭고 평화로운 삶이 됩니다. 감사행이야말로 바라밀행을 우리 삶 속에서 실천할 수 있는 구체적인 행법입니다.

넷째, 베푸는 삶입니다. 진정 감사함을 느낀다면 주게 됩니다. 의무감이 아니라 우러나오는 마음에서 보시공양을 하게 됩니다. 우주는 상호 교환하면서 서로 작용하고 있습니다. 감사함을 느끼고 서로 베풀면서 사는 것은 생명의 율동입니다. 이렇게 사는 것이 바라밀행입니다. 그렇게 살면 행복이 열립니다.

다섯째, 부처님을 믿고 부처님께 맡겨야 합니다. 부처님은 돌아가시지 않았습니다. 부처님은 오시지도 가시지도 않았습니다. 늘 우리 곁에 항상 같이 계십니다. 부처님은 우리와 하나입니다. 내 생명의 근원입니다. 부처님을 믿으세요. 이건 나와 타자적 관계인 어떤 절대자를 믿으라는 말과는 다릅니다. 내 생명의 근원이요 무량공덕장이신 부처님을 믿고 부처님께 맡기며 최선을 다해 살면 편안하고 활기찬 삶이 됩니다. 힘들면 부처님께 맡기되 나는 나의 할 도리를 최선을 다해서 살면 되는 것입니다. 그럼에도 힘들더라도 좌절하지 마세요. 우주 법계의 긴 시간 속에 겪어야 할 과정을 겪고 있다고 생각하고 받아들이면 편안해지면서 삶이 완숙되어 갑니다. 부처님을 믿고 맡기되 늘 최선을 다해 사는 사람, 그런 사람이 바라밀 수행자입니다.

지환 스님

현
각
스
님

1970년 만화 희찬 스님을 은사로 출가,
탄허 스님을 계사로 수계받았다. 해인사
승가대학교와 동국대학교를 졸업하고
조계종 중앙종회의원, 초심 호계의원,
불교상담개발원 이사를 역임했다.
원주교도소 교화위원, 명륜종합사회복지관
관장, 다문화가족지원센터 센터장,
사회복지법인 승가원 이사 등을
겸임하고 있으며, 원주 성불원 주지로서
사회복지활동에 앞장서고 있다.

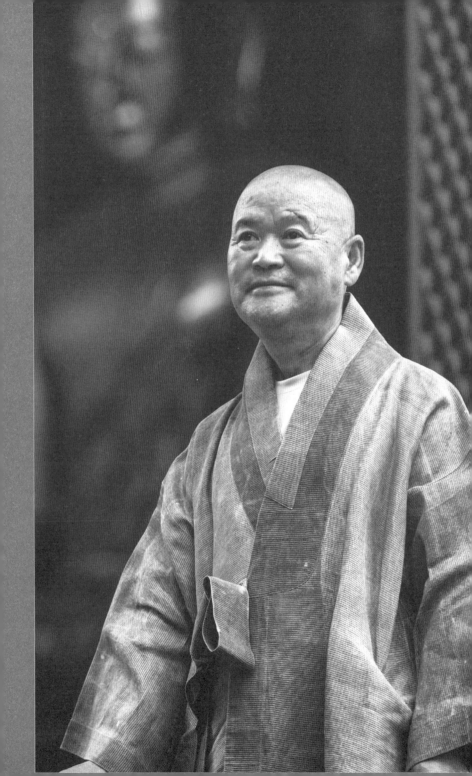

보살은 원력에 따라 자신의 의지로 윤회와 삼계를
초월하는 삶을 삽니다. 보살은 생사에 집착하지 않기
때문에, 생사를 똑같이 겪으면서도 죽음을 단절이
아니라고 생각합니다. 입었던 옷을 벗고 새 옷으로
갈아입는 것처럼, 살던 집에서 더 나은 집으로
이사 가는 것처럼 옮겨가는 것으로 여깁니다.
생과 사를 격절된 세계로 보지 않고,
단지 몸만 바꾸어 변화된 세계를 살기 때문입니다.

지금 바로 여기서 하리

세월호 참사를 겪으며 온 나라가 분노하고 비통하고 죄송한 마음에 휩싸였습니다. 불교의 가르침에는 우리 세계가 모두 그물코로 연결되어 있고, 그물코마다 구슬이 달려있어 어디에서 무슨 일이 일어나든 서로를 비춘다고 합니다. 그래서 우리가 함께 가슴 아파하고 비통해 하지 않았을까 생각합니다. 그러면서 우리는 삶과 죽음을 어떻게 받아들여야 할 것인가, 불교에서는 이런 상황을 어떻게 이해하고 오늘을 살아가야 할까 생각해보게 됩니다.

갇혀있는 생각으로부터의 자유

불교에서는 본무생사(本無生死), 즉 본래 삶과 죽음은 없다고 이

101
현각 스님

야기합니다. 덧붙여 '생본무생멸본무멸(生本無生滅本無滅) 생멸본
허실상상주(生滅本虛實相常住)'라고 말합니다. '태어남도 본래 없는
것이고 사라짐도 본래 없는 것이다. 나고 없어지는 것은 본래가
허망한 것이며 진리의 실상만이 영원한 것이다.'라는 뜻입니다.

　　하지만 이러한 이치가 있음을 알아도 생멸의 아픔은 일상
속에서 우리를 지배하고 억누릅니다. 아픔과 고통이 일상을 무
너뜨리지요. 중생이 겪는 생사는 보살이 겪는 생사와 달라서 그
렇습니다. 범부중생들이 겪는 생사는 분단생사(分段生死)라고 하
고, 보살이 겪는 생사는 변역생사(變易生死)라고 합니다. 분단생
사란 생사가 조각조각 나눠져 있다는 뜻입니다. 생과 사를 나누
어 바라보는 것이지요. 그렇기 때문에 생겨나는 것이 전부인 줄
알고, 전부가 사라진다고 생각하게 됩니다. 전부가 사라진다고
생각하기 때문에 두렵고 고통스럽습니다.

　　그럼 보살들은 어떻게 사느냐. 보살은 원력에 따라 자신의
의지로 윤회와 삼계를 초월하는 삶을 삽니다. 보살은 생사에 집
착하지 않기 때문에, 생사를 똑같이 겪으면서도 죽음을 단절이
아니라고 생각합니다. 입었던 옷을 벗고 새 옷으로 갈아입는 것
처럼, 살던 집에서 더 나은 집으로 이사 가는 것처럼 옮겨가는
것으로 여깁니다. 생과 사를 격절된 세계로 보지 않고, 단지 몸
만 바뀌어 변화된 세계를 살기 때문입니다. 하지만 중생은 이 생
사에 집착을 하니 쉽사리 옮겨갈 수가 없어요.

분단생사를 넘어서 변역생사의 삶을 살 수 있도록 해야 합니다. 그래서 불교의 첫 걸음은 나라는 고정된 틀에 갇혀있는 생각으로부터 자유로워지는 것이라고 말합니다. 이것을 무아사상(無我思想)이라고 합니다. 영구불변한 것은 없으며, 나라고 고집하는 이 육신도 허상이라는 이야기입니다. 그래서『금강경』에서는 이 세상의 모든 현상과 법칙은 인연으로 인해 생기고 없어진다는 일체유위법(一切有爲法)을 '몽환포영로전(夢幻泡影露電)' 6가지로 설명합니다. 꿈, 허깨비, 거품, 그림자, 이슬, 번갯불과도 같은 것이라는 말입니다. 이것들의 공통점은 실재하는 것 같지만 실체가 없다는 것입니다. 우리 삶도 실체가 없는 것인데 그것을 부여잡고 진짜인 것처럼 착각하는 데서부터 고통이 시작된다는 것입니다.

"과거를 팔아 오늘을 살지 말 것"

하늘에 구름이 끼거나 비가 오거나 날씨가 좋지 않더라도 하늘은 그냥 제자리에 있습니다. 이 시비가 지나가고 나면 푸르른 하늘은 항상 그 자리 그대로 있습니다. 그 속에서 우리는 어떻게 살아야 할까요? 박노해 시인의 '경계'라는 시를 소개하겠습니다.

과거를 팔아 오늘을 살지 말 것

현실이 미래를 잡아먹지 말 것

미래를 말하며 과거를 묻어버리거나

미래를 내세워 오늘 할 일을 흐리지 말 것

제가 여러분께 말씀드리고 싶은 방점이 여기에 있습니다. 부처님 말씀을 공부해보면, 지금 바로 여기에 우리가 존재하지 않으면 어느 곳에도 우리는 없다는 가르침을 배울 수 있습니다. 지금 바로 여기에서 보고 듣고 하는 이것이 우리의 전부입니다.

대부분 범부중생들은 육신이 병들게 되면 정신도 함께 기력을 잃습니다. 몸이 아프면 '아이고 나 이제 죽었구나' 하고 아무 일도 하지 않으려 해요. 그런데 제가 몸담고 있는 장애인 복지시설에 한 학생이 있습니다. 이 학생은 일급 지체장애인입니다. 어렸을 때부터 도움을 받지 않고 자신의 힘으로, 자신의 의지로 할 수 있는 일을 고민했습니다. 몸으로 하는 일은 마음대로 할 수가 없었지만, 다행히 음식을 먹는 이와 혀는 자신의 생각대로 움직일 수 있었어요. 그래서 사람들에게 셀로판지를 오려 입에 넣어달라고 부탁을 했습니다. 그것을 입에 넣고 종이접기를 시작했습니다. 종이 접는 방법을 가르쳐주면 밤새도록 연습을 합니다. 그리고 마침내 입으로 종이학을 접어냈습니다. 수십 번의 과정을 거쳐서 만들어낸 것이지요.

그런데 여기서 멈추지 않았어요. 장애인올림픽 경기 중 '보치아'라는 경기가 있습니다. 입에다 막대기를 물고 공을 굴려서 대결하는 경기입니다. 경제적으로 여유롭지 않은 상황이라, 널빤지로 경기장을 만들어놓고 연습하도록 했어요. 그 이듬해 부산장애인아시안게임에 나가서 금메달을 땄고, 4년 후 로마장애인올림픽에서도 금메달을 목에 걸었습니다. 단순히 종이접기에 머무르지 않고 굳은 의지와 정신력으로 점점 앞으로 나아가는 모습을 볼 수 있었습니다.

또 한 친구가 있습니다. 이 친구는 태어났을 때부터 두 팔이 없었습니다. 하지만 전혀 부족하지 않게 삽니다. 그 역할을 다른 것이 하면 된다고 생각하기 때문이에요. 발가락에 수저를 끼워서 밥도 잘 먹고, 인터넷도 아주 잘 합니다. 중요한 것은 스스로 부족한 것에 대해 주눅 들거나 비관하지 않는다는 것입니다. 닉부이치치라는 사람도 두 다리와 양팔이 없지만, 선교사가 되어 전 세계 곳곳을 다니며 선교활동을 하고 있잖아요.

스님들이 쓰는 선구(禪句) 중에 향상일로(向上一路)라는 말이 있습니다. 깨달음의 경지로 향하는 길은 한 가지이니, 끊임없이 정진해야 한다는 의미입니다. 어제보다 오늘이 낫고, 오늘보단 내일이 나아야 해요. 마음에 여유가 생기고, 생각의 폭이 넓어지고, 정신의 힘이 증대돼야 합니다. 지금 무엇을 해야 하는지, 어떻게 해야 하는지를 잊고 사는 사람들은 아무리 화려한 자리에 있더라도 끝내 자기를 찾지 못합니다. '내일 해야지'가 아니라 '지금 무엇을 해야 하는지'를 생각하고, 오늘 할 일을 미루거나 흐리지 말 것을 당부하고 싶습니다.

불교의 핵심은 변하지 않는 자신을 찾는 것입니다. 생사를 넘어서서 한결같은 자기를 찾는 것이에요. 세상이 생기거나 생기지 않았거나, 태어나거나 태어나지 않았거나 항상 나를 따라다니는 자신의 본질을 찾는 것입니다.

바로 지금 나를 찾는 공부

스님들이 법문을 하시면서 "돌아가실 때 나무아미타불 열 번만 부르시면 왕생정토, 극락 갑니다."라고 말씀하십니다. '그 쉬운 거 누가 못 하겠어요'라고 생각하겠지만, 죽을 때가 다가오면 그 고통이 얼마나 극심한지 정신을 차리는 사람이 드뭅니다. 앞을 봐도 보이질 않고, 들어도 들리지 않는 혼미해진 상태예요. 그런 상태에서 정신을 차려 나를 찾고 아미타불을 열 번 부를 수 있느냐는 겁니다. 지금 하지 않으면 그때가 와도 절대 할 수 없습니다. 지금 힘을 기르지 않으면 그때 가선 아무 일도 할 수 없어요. 저승사자가 오라는 대로 따라갈 수밖에 없습니다. 이 길이 내 길이 아니라고 버틸 힘이 없어요. 지금 해야 합니다. 오늘 이 법문을 듣는 것도 바로 지금 여기서 나를 찾는 공부를 하는 것입니다.

지금 나를 찾지 않으면 어느 곳에도 나는 없습니다. 이 기쁨을 여러분만 갖고 있으면 안 됩니다. 필수와 선택이 있습니다. 필수는 이 기쁨을 가족에게 전해줘야 하고, 선택은 이웃에 전해줘야 하는 거예요. 이 법음과 아름다운 삶이 전국 방방곡곡 우주에 널리 퍼져서, 고통 받고 가슴 찢어지는 사람이 없는 세상이 되도록 우리 모두 함께 만들어가길 바랍니다.

현각
스님

종훈 스님

능가 스님을 은사로 출가해 1971년 사미계를
받았다. 동국대를 졸업하고 해인사 선원
등에서 정진했다. 태화산 전통불교문화원
초대 원장, 조계종 제12, 13, 14대
중앙종회의원, 한국불교문화사업단장,
자성과쇄신결사추진본부 결사총괄부장,
조계종 총무부장 등을 역임했다. 현재 과천
보광사 주지 소임을 맡아 현대식 포교 방법에
대해 고민하며 불교문화 포교에 앞장서고
있다.

이 세계는 모든 존재와 현상들이 서로 끊임없이
연관되어 있습니다. 가르침을 일러주는 스승은
멀리 있지 않습니다. 아이의 노래 속에서,
내가 쉬이 듣고 깨친다면 그 아이가 스승이에요.
노래를 부르는 아이에게 깨달음을 얻는 우리가 바로
법을 구하는 선재 동자입니다.

아이의 노랫소리에도
가르침이 있다

세존께서 열반에 드실 때 이런 말씀을 하셨습니다.

"내가 녹야원으로부터 발제하(跋提河)에 이르기까지 일찍이 한 법도 설한 바가 없다."

부처님께서는 팔만사천 법문을 하셨다고 하는데, 어째서 한 법도 설한 바 없다 했을까요? 나이가 들면 들수록, 수행자로서 조금 더 철이 들수록 부처님의 말씀이 절실하게 와 닿습니다. 세상은 빠른 속도로 흘러가고 많은 것들이 변해갑니다. 하지만 부처님께서 말씀하신 법은 우리 삶 어느 곳에나 전부 녹아있습니다. 그리고 이 세상 모든 곳에 스승이 있습니다.

종훈 스님

피어있는 장미꽃 봉오리를 보라

어떤 책에 대해 문태준 시인이 쓴 서평을 읽고 감명 받은 적이 있어요. 틱낫한 스님의 명상노래를 인용한 문구였습니다. 평상시 흔하게 접할 수 있는 단어들로 구성된 글을 보며, 불교 교리와 가르침에 대해 다시 한 번 생각할 수 있는 시간이 됐던 기억이 납니다. 그 문장은 이렇습니다.

"장미꽃 봉오리가 핀 것을 보세요. 그리고 갈매기가 비상하는 것을 보세요. 물결이 출렁이는 것을 보세요. 그리고 구름이 떠있는 것을 보세요."

이 말이 제게는 너무도 가슴 깊이 와 닿았습니다. 활짝 핀 장미꽃 봉오리, 날아가는 갈매기, 일렁이는 물결, 떠있는 구름 등 모두 주변에서 볼 수 있는 일반적인 것들이지요. 하지만 그것들을 자세히 바라본 적이 있습니까? 저는 어렸을 때 개미를 열심히 관찰했었어요. 비 오기 전 개미들이 줄지어 이사 가는 모습을 보며 '아, 비가 오겠구나. 대비해야겠다.' 하고 알아채곤 했었지요. 개미들을 훑어보며 발걸음은 어떻게 움직이는지, 다른 개미를 만나면 어떻게 피하는지, 더듬이로 대화 나누는 것 같은 모습들을 유심히 관찰했었죠. 하지만 요즘에는 쓱 지나가는 모습만 보지 유심히 바라본 적이 없는 것 같아요. 잡생각이 많아져 떠밀려가는 생각 속에서 그것을 바라볼 여유가 없게 된 것입니다.

피어있는 장미꽃 봉오리를 우리 함께 볼까요. 그저 바라보기만 하는 것이 아니라, 집중하고 생각하며 바라보면 많은 것들이 보입니다. 이슬이 맺혀있기도 하겠고 꽃가루를 발견할 수도 있겠지요. 꽃의 봉오리마다 생긴 모양이 다르기도 합니다. '이게 바로 장밋빛 색깔이구나.'라는 생각이 떠오를 수도 있습니다. 그러다보면 이 꽃이 왜 필까, 어디서 피었을까, 줄기는 녹색인데 꽃봉오리는 왜 붉은 색일까, 이 붉은 색은 장미의 어디에서 어떻게 나올 수 있었을까 등등 생각이 꼬리에 꼬리를 물고 나아가게 됩니다.

또한 생각은 더욱 가지를 뻗어나갑니다. 장미를 본다는 것은 장미라는 존재가 있기 때문이에요. 그런데 '있다'는 개념은 '없다'는 개념이 있기 때문에 성립되는 것입니다. 애초에 '없다'는 개념이 없었다면, '있다'라는 개념도 존재할 수 없다는 이야기지요.

선(禪)에서는 흔히 '일심(一心)으로 화두를 든다'고 합니다. 화두가 아니더라도 매사에 수많은 순간마다 본인이 할 수 있는 만큼 집중해서 바라보고 한 생각을 깊이 하다보면, 그 속에서 불교 교리와 가르침들을 찾을 수 있습니다.

종훈 스님

욕심을 부리는 순간 좁아지는 방

프랑스 마르세유에는 수도사들이 생활하는 '생 마리 드 라 투레트 수도원(Couvent Sainte Marie de La Tourette)'이 있어요. 근대 최고의 건축가라고 칭할 수 있는 르 코르뷔지에(Le Corbusier)가 건축한 수도원인데, 건물을 지을 때 '종교인으로서 살아가야 할 마음 자세란 무엇인가'를 염두에 두고 지었다고 합니다. 저도 라 투레트 수도원을 가 볼 기회가 있었습니다. 수도사의 방을 보며, 무척 감격했고 제 스스로 많은 반성을 하기도 했어요.

르 코르뷔지에가 건축한 수도사의 방은 절제된 공간입니다. 사적 개념의 공간이 굉장히 검소하게 꾸려져 있어요. 방 한 칸에는 한 사람이 쓸 수 있는 최소한의 공간만 주어져 있었습니다. 책상, 의자, 침대, 부엌 등 있을 것은 다 들어있지만, 조금이라도 욕심을 부리는 순간 생활공간이 작아지는 방이지요. 하지만 공용 공간으로 나오면 이야기가 달라집니다. 함께 쓰는 시청각실과 식당은 넓고 부족함이 없습니다. 사적 공간의 최소화와 공적 공간의 최대화, 나 자신만의 것이 아닌 함께하는 것이라는 생각이 수도원 건물에 담겨 있었습니다.

한국에 돌아와 제 방을 쓱 둘러보니 많은 생각이 떠올랐습니다. 수행자란 어떻게 살아야 하는 것일까. 탐진치 삼독을 내려놓으라는 부처님의 가르침이 그 공간을 통해 다시금 일깨워졌지요. 검소한 그들의 삶을 보면서 스스로를 돌아보게 됐습니다. '수행자로서 어떻게 살아야겠다', '우리 스님들도 이렇게 살면 좋겠다', '불자들에게 어떻게 살자고 이야기 해야겠다'는 다짐을 하게 됐습니다.

르 코르뷔지에의 건물을 보면서 이러한 생각을 느꼈듯이, 이 세계는 모든 존재와 현상들이 서로 끊임없이 연관되어 있습니다. 가르침을 일러주는 스승은 멀리 있지 않습니다. 아이의 노래 속에서, 내가 쉬이 듣고 깨친다면 그 아이가 스승이에요. 노래를 부르는 아이에게 깨달음을 얻는 우리가 바로 법을 구하는 선재 동자입니다.

스토리텔링으로 전하는 부처님 말씀

종교라는 것은 무엇일까요. 이 세상은 존재성이 없으면 퇴화하고 없어지고 소멸됩니다. 종교는 종교인이 제 역할을 할 때 존재성을 가집니다. 하지만 오늘날의 종교들은 존재성을 잃어가고 있어요. 현대사회에서 전 세계적으로 종교를 바라보는 시선이 달라졌습니다. 세상의 눈과 마주해 우리도 역할을 재정비하고 발전시켜 나가야 합니다.

이야기를 하나 들려드릴까 합니다. 피핑 톰(Peeping Tom)이란 단어를 들어보셨나요. 심리학 용어로 관음증이라는 뜻입니다. 피핑 톰이란 단어에 얽힌 이야기는 11세기 영국 코벤트리 지역 영주의 부인 고디바(Godiva)의 이야기로부터 시작됩니다.

고디바 부인의 남편은 욕심 많은 영주였습니다. 그래서 백성들에게서 지나치게 세금을 많이 거둬들였지요. 백성들을 안타깝게 여긴 고디바 부인은 남편에게 징세를 낮춰줄 것을 요구했습니다. 하지만 욕심 많은 영주는 "당신이 알몸으로 성을 한 바퀴 돌고 오면 그때 세금감면을 고려하겠소."라고 빈정거리며 말했어요. 그녀는 백성들을 위해 귀부인의 자존심 또한 모두 내려놓고 전라로 말 위에 올라탔습니다. 백성들은 자신들을 위해 모든 것을 감내하려는 부인의 마음에 크게 감동받았어요. 그래서 부인이 영지를 돌 때, 그 누구도 부인의 나신을 보지 말자고 약속했습니다. 집집마다 문과 창을 걸어 잠그고 커튼을 쳐서 그녀의 희생에 경의를 표했던 것입니다. 그 희생을 통해 세금이 감면된 것은 두말할 나위가 없었지요. 과감하게 자신을 희생한 부인 덕에 많은 사람들이 행복하게 살 수 있었습니다.

허나 당시 호기심을 참지 못한 양복재단사 톰(Tom)은 커튼을 들춰 몰래 훔쳐보다가 두 눈이 멀어버리고 맙니다. 그래서 '피핑 톰'이라는 단어가 관음증을 뜻하게 된 것이죠. 이 이야기에 덧붙여, 훗날 영국에서 대혁명이 일어났을 때 영국의 모든 성주들이 목숨을 잃었지만 고디바 부인만은 무사했다고 합니다.

혁명가들이 그녀의 희생정신을 높이 샀고, 그것은 그들의 혁명 정신과도 일치했기 때문이었습니다. 고디바 부인의 진정성이 입증된 것이지요. 이처럼 우리 스님들도 종교가 제 역할을 잘 하도록 희생정신을 가지고, 존재성을 인정받아야 할 것입니다.

타인을 위해 베푸는 일은 그저 자기희생이 아니라 복을 짓는 행위입니다. 선업들은 결국 자신에게 되돌아온다는 것, 즉 보살행과 인과의 가르침들이 이 이야기 속에 녹아있습니다. "보살행을 행하라."고 직접적으로 말할 수도 있습니다. 하지만 이렇게 여러 이야기들 속에 부처님의 말씀을 함께 녹여내 스토리텔링으로 전달할 때, 서로 공감대가 형성되어 부처님 말씀이 조금 더 친근하게 다가오고 수월하게 체득되는 것 같습니다.

세상은 빠르게 변화하고 있습니다. 변화하는 세상 속에서 종교는 어떤 역할을 해야 할 것인가, 시대에 맞게끔 어떻게 부처님 가르침을 전해야 할 것인가 하는 많은 고민을 합니다. 여러분들도 불제자로서 부처님 말씀을 어떻게 효과적으로 전달할 수 있을지 연구해보세요. 함께 현대적인 포교를 위한 방법을 마련해 나갔으면 좋겠습니다. 성불하세요.

무상 스님

성호 스님을 은사로 출가해 1975년
도견 스님을 계사로 사미계를, 같은 해
석암 스님을 계사로 구족계를 수지했다.
해인사승가대학과 중앙승가대학교,
동국대학교 교육대학원을 졸업했다. 서울
봉은사 주지를 비롯해 영월 법흥사 주지,
조계종 법규위원장, 중앙승가대 총동문회장,
학교법인 승가학원 사무처장 등을 역임했다.
현재 조계총림 송광사 주지로서 수행대중을
외호하고 있다.

부처님께서는 인과(因果)란 한 치의 오차 없이
분명하다고 하셨습니다. 살다보면 나쁜 짓을 하면서도
잘 먹고 사는 이들을 봅니다. 좋은 일을 하는데
사는 것은 힘들고 어려운 이들도 있어요. 그것은
아직 업(業)의 씨앗이 영글지 않았기 때문입니다.
금생에 받지 않으면 다음 생에 언제든
그 과보는 받게 됩니다.

고난이 있는 이곳이
희망과 행복이 시작되는 터전

옛날 어느 절에서 있었던 일입니다. 무척이나 가난했던 시절이었고, 절도 가난했습니다. 주지스님이 쓰러져 가는 법당에 들어섰는데, 불상이 빗물에 얼룩져 보기가 흉했습니다. 그래서 개금 불사를 발원하고 잠이 들었는데, 그날 밤 꿈에 부처님이 나오셔서 말씀하시길 "첫 번째 만나는 이가 화주가 될 것이다"고 하셨습니다.

모든 재산을 절에 보시하고도 화를 당한 노파

스님이 이른 아침 바랑을 메고 나섰는데 마을 어귀에서 한 노파를 만났어요. 그래서 스님은 노파에게 다가가 합장하고 자초지종을 말했습니다. 그러자 그 노파는 조상 대대로 내려온 가보와

시집올 때 가져온 패물을 내놓으며 개금불사를 돕겠다고 했습니다. 무사히 불사를 마치고 회향법회를 하였는데, 법당에서 노파가 일어서지 못하고 쓰러졌습니다. 앉은뱅이가 된 것입니다.

몇 해가 흘러 스님은 비가 새던 법당 기와를 바꾸기로 했습니다. 이번에도 꿈에 부처님이 나오셔서 "첫 번째 만나는 이가 화주가 될 것이다"고 하셨어요. 그런데 이게 웬일입니까? 개금불사에 참여했던 노파가 방문을 열고서 지나가는 스님에게 인사를 하는 것입니다.

스님은 '아차' 했지만 그 노파가 처음 만나는 이였습니다. 어쩔 수 없이 사정을 말하니 노파가 장롱을 열고 집문서를 내놓는 것이에요. 그런데 기와불사를 회향하던 날, 이번에는 노파의 눈이 멀어버리고 말았습니다.

또 다시 몇 해 후에 요사채 불사를 하게 되었습니다. 이번에도 꿈에 부처님이 현몽하셔서 "첫 번째 만나는 이가 화주가 될 것이다"고 하셨어요. 스님은 행여 노파를 다시 만날까 싶어 사람들이 잘 다니지 않는 길로 멀리 떠나고자 길을 나섰습니다. 하지만 인연은 끝내 피할 수 없었나 봅니다.

집을 판 노파가 자기 밭에서 기거하면서 일을 하다가, 스님 지나가는 소리를 듣고 반가운 마음에 인사를 하는 거예요. 노파는 흔쾌히 마지막 남은 밭까지 팔아 불사에 보탰습니다. 그런데 요사채 불사를 마치고 회향하던 날, 노파는 호랑이에게 물려가고 말았습니다. 호환(虎患)을 당한 것입니다.

그날 크게 분노한 스님은 도끼를 들고 법당에 들어갔어요. "개금불사 하고 앉은뱅이가 되고, 기와불사 하고 맹인이 되고, 요사채 불사를 하였는데 호환을 당하다니 그러고도 어찌 너를 부처라 할 수 있겠는가!" 그리고 불상을 도끼로 찍었습니다.

절을 버린 스님은 바랑을 메고 길을 떠났어요. 20여 년이 흐른 후 스님은 돌고 돌아 옛 절에 오게 되었습니다. 그런데 그날은 마침 새로 부임한 젊은 신임 사또의 칠일기도가 끝나는 날이었어요. 법당을 열고 들어가니 여전히 불상엔 도끼가 박혀 있었습니다.

스님과 사또가 도끼를 뽑자 도끼날에 '화주와 시주가 오늘 이 자리에서 만나다'라는 글귀가 새겨져 있었습니다. 신임 사또가 바로 전생에 개금불사, 기와불사, 요사채 불사를 시주한 노파였던 거예요. 노파는 보시를 통해 삼생 동안 받아야 할 죄업을 한꺼번에 받아 씻어내고, 귀한 가문에 태어나 약관의 젊은 나이에 장원급제하여 금의환향한 것입니다.

오랫동안 구전되고 있는 이 설화는 오늘을 사는 불자들의 마음가짐을 되새기게 합니다. 지금 당장 무언가가 이루어지지 않는다고 해서, 남을 원망하거나 불보살님을 원망하는 어리석은 불자가 되지 말아야 하겠습니다.

"땅에서 넘어진 자 땅을 딛고 일어선다"

부처님께서는 인과(因果)란 한 치의 오차 없이 분명하다고 하셨습니다. 살다보면 나쁜 짓을 하면서도 잘 먹고 사는 이들을 봅니다. 좋은 일을 하는데 사는 것은 힘들고 어려운 이들도 있어요. 그것은 아직 업(業)의 씨앗이 영글지 않았기 때문입니다. 금생에 받지 않으면 다음 생에 언제든 그 과보는 받게 됩니다.

모두들 요즈음 세상살이가 무척 힘들다고 해요. 이럴 때 일수록 불제자라면 한시라도 수행의 끈을 놓지 말아야 하겠습니다. 지금 이 순간을 살아가는 우리들에게 가장 중요한 날은 바로 '오늘'이에요. 우리의 삶을 구성하는 그 많은 시간도 결국 '오늘'의 연속이 아닐 수 없습니다.

과거는 수많은 오늘의 그림자요, 미래는 다가올 오늘입니다. 우리가 살아가는 시간은 바로 오늘, 그 중에서도 지금입니다. 하루하루를 삶의 전부로 느끼며 최선을 다해 사는 오늘은 내 삶에서 가장 행복하고 소중한 날이 됩니다. 하지만 게으름 피우며 무의미하게 보내버린 오늘은 불행과 후회를 낳는 날이 될 수밖에 없어요.

승보종찰 송광사 16국사 가운데 제1세 보조국사 지눌 스님이 계셨던 고려사회는 참으로 혼탁했어요. 당시 불교계는 선(禪)과 교(敎)가 서로 비방하고, 세상 사람들은 본분을 지키지 않고 명예와 이익만을 추구하는 어지러운 세계였습니다.

이때 지눌 스님은 수행자의 근본정신으로 돌아가자는 정혜결사(定慧結社)를 선포하셨습니다. 스님은 한국불교의 큰 흐름을 만들어놓은 정혜결사를 시작하며 공포한 결사문에서 "땅에서 넘어진 자 땅을 딛고 일어선다"고 전제하고, "땅을 떠나서 일어나려고 하는 것은 옳지 못하다"고 지적하셨습니다.

아무리 험난하고 절망적이라 해도, 해결의 실마리는 넘어진 그 자리에 있다는 것입니다. 회피하거나 돌아갈 것이 아니라 지금 처한 상황에서 이를 딛고 일어서야 해요. 넘어진 그곳이 희망이 시작되는 자리인 것입니다.

실패를 거듭하면서 그 교훈을 생각해 보지 못한다면 그 실패는 단지 실패일 뿐입니다. 하지만 그 실패를 디딤돌 삼아 다시는 같은 실패를 거듭하지 않는다면, 그 실패는 결코 실패가 아닙니다. 고난과 고통도 이곳에 있지만, 이곳이 바로 희망과 행복이 시작되는 터전임을 잊지 말아야 하겠습니다.

신의 구원을 바랄 것인가, 스스로를 구할 것인가

사람들은 현재 자신이 있는 곳보다 다른 곳에 가기를 원합니다. 집에 있을 때엔 바닷가에 가고 싶어 하고, 바닷가에 있을 땐 다시 편안한 집으로 돌아가기를 원해요. 마치 무지개라는 행복을 찾아 먼 곳을 헤매는 어린 아이들처럼 말입니다. 행복을 찾아 먼 곳을 헤매고 다니지만 정작 그 행복을 찾아서 평정과 고요를 얻은 사람이 드문 것은 무엇 때문일까요? 그건 엉뚱한 곳을 찾아 다니기 때문이에요.

세속적 성공과 물질적 풍요로는 행복을 살 수 없어요. 물론 기본적인 민생고를 해결해야 다음 단계로 행복을 추구하는 욕구가 생기기 마련이니, 물질적인 관점이 나쁘다고만 볼 수는 없습니다. 우리의 삶을 가만히 들여다보면, 고통이라고 느끼며 불만족한 것들은 마음에서 나오는 거예요. 즉 행복해지기 위해서는 자신의 마음이 내면의 변화를 갖도록 해야 합니다.

자기 주변에 머물고 있는 모든 것들에게 감사하는 마음을 가져야 해요. 나를 기쁘게 해주는 사랑스런 가족들의 얼굴을 생각해야 합니다. 또한 마음속에 늘 당연시 했던 타인에 대한 감사의 마음을 기억해 나를 얼마나 행복하게 했던가를 느껴보세요. 행복은 그렇게 만들어 가는 거예요. 일체유심조(一切唯心造)라 했습니다. 행복해지겠다고 마음먹은 순간 우리는 행복해질 수 있는 것입니다.

배움에는 끝이 없습니다. 특히 마음을 다스리는 부처님 공부는 더더욱 그러합니다. 불교를 흔히 은둔 종교, 허무의 종교로 이해하는 경우가 많아요. 그러나 그것은 불교를 잘못 이해한 것입니다. 불교는 끊임없는 노력으로 희망을 만드는 종교입니다. 부처님은 스스로를 정진론자(精進論者)라고 하실 만큼 정진의 중요성을 강조하셨어요. 그래서 불교는 '정진종교'라고 부를 만합니다.

불교는 신의 구원이나 우연을 근본적으로 배격합니다. 불교는 인간 스스로의 끊임없는 수행으로써 깨달음을 얻고 스스로를 구원하는 것이라고 말해요. 신의 구원을 바라며 끊임없이 기도하는 것도, 우연히 구원이 있기를 바라며 기다리는 것도 정진이라고 할 수는 있을 것입니다. 그러나 자신의 힘으로 스스로를 구원해야 한다는 것은 결국 노력 없이는 구원이란 있을 수 없다는 말입니다. 그러므로 부처님께서는 열반에 드시는 그 순간까지도 슬퍼하는 제자들에게 "모든 것은 변해 가나니, 게으름 없이 힘써 정진하라"고 당부하셨던 거예요.

중생의 괴로움이 비록 진리에 대한 무지에서 생기지만, 진리에 대한 무지마저도 초극할 수 있는 것이 정진의 힘입니다. 중생의 괴로움을 초래하는 더 큰 원인은 게으름이기에, 부처님께서는 마지막으로 "정진하라"는 가르침을 우리에게 남기신 거예요. 하루하루 정진의 삶을 살아가면서, 우리의 마음이 얼마나 잘 영글고 있는지 점검해 보아야 하겠습니다.

무
상
스
님

원명 스님

1975년 월정사에서 능혜 스님을 은사로
출가했다. 1977년 탄허 스님을 계사로
사미계를 받았고, 1979년 고암 스님을 계사로
구족계를 수지했다. 용주사·중앙선원·불국사
선원·봉암사 등 제방 선원에서 정진했으며,
백운사·미륵사·삼화사 주지를 역임했다.
삼화사 주지 당시 동해불교대학,
바라밀유치원, 삼화사 노인요양원 등을
개원해 운영하는 등 지역복지에 힘썼다.
현재 서울 조계사 주지와 총무원 호법부장을
겸하며 불자들에게 부처님의 바른 법을
전달하고자 정진하고 있다.

기도는 내 마음속에 있는 번뇌 망상들, 탁한 부분들을
맑게 해 마음을 밝힘으로써 업장이 맑아지게 되는
수행입니다. 업장은 업으로 인한 장애입니다.
그 장애가 맑아지니 그동안 장애에 의해 하기 어려웠던
일들이 전보다 수월하게 해결되는 것이지요.
우리는 보통 기도를 한다고 하면 부처님께서 가피를
내려주신다고 생각하게 됩니다. 하지만
부처님이 가피를 내려주시는 것이 아니라,
내 안의 부처님이 스스로 이뤄내는 것입니다.

기도 가피는 내 안의 부처님이
스스로 이뤄내는 것이다

우리는 왜 기도를 할까요? 기도를 할 때는 여러 가지 이유가 있습니다. 보통은 가족의 안녕과 평화와 행복을 발원하거나, 내가 그동안 과거에 했던 일들을 반성하며 앞으로 그렇게 하지 않겠다는 참회를 하고 업장을 소멸하고자 기도를 합니다. 하지만 기도를 해야 하는 가장 큰 이유는 무언가의 소망을 이루고자 함이 아니라 내 마음을 밝히기 위해서입니다.

마음을 철저하게 비울 때 기도가 성취된다

불교의 수행법은 내 마음속에 있는 모든 번뇌 망상을 물리치고 마음을 맑고 깨끗하게 텅 비우는 데 그 목적을 두고 있습니다. 기도는 수행법 중 하나입니다. 부처님께 무언가를 바라는 것이 아니라 내 마음속의 번뇌 망상들을 물리치고자 하는 것이지요. 우리가 기도를 하는 행위는 결국 깨달음의 길로 가기 위한 방편인 것입니다.

예를 들어 어떤 서원을 세우고 부처님께 지극히 기도를 할 때, 그 서원은 부처님이 이뤄주시는 것일까요? '저 사람은 내 명호를 지극정성으로 부르니까, 저 사람의 서원을 들어주자' 하며 들어주시는 것일까요?

기도는 내 마음속에 있는 번뇌 망상들, 탁한 부분들을 맑게 해 마음을 밝힘으로써 업장이 맑아지게 되는 수행입니다. 업장은 업으로 인한 장애입니다. 그 장애가 맑아지니 그동안 장애에 의해 하기 어려웠던 일들이 전보다 수월하게 해결되는 것이지요. 우리는 보통 기도를 한다고 하면 부처님께서 가피를 내려주신다고 생각하게 됩니다. 하지만 부처님이 가피를 내려주시는 것이 아니라, 내 안의 부처님이 스스로 이뤄내는 것입니다.

그런데 나와 가족을 위해서 무엇을 바라고 기도를 하게 되면, 그 마음은 욕심이 됩니다. 욕심은 번뇌 망상의 근원입니다. 기도는 번뇌 망상을 없애고 업장을 소멸시키려 하는 것인데 기도의 욕심은 번뇌 망상을 쌓게 하지요. 그러니 기도를 시작하는 마음은 서원을 발원함이더라도, 본격적인 기도에 들어가고 나면 그 뒤부터는 일체 바라는 마음이 없어야 합니다. 바라는 마음은 욕심이고, 욕심은 번뇌 망상의 근원이기 때문입니다. 번뇌 망상은 내 앞에 장애가 되는 것입니다.

기도는 그만큼 마음을 철저하게 비우고 비워, 마음에 털끝만큼도 욕심을 가지고 있지 않을 때 이뤄집니다. 그리고 그렇게 기도를 마치고나면 마지막에 회향(迴向)을 하지요. 기도의 공덕마저도 바깥으로 향해 함께 나눈다는 의미입니다. 마음을 철저하게 비워서 회향할 때 그 공덕이 다시 돌아서 나에게 온다고 합니다. 내게 돌아올 때 기도가 성취되는 것입니다.

내가 청정해지면 주변 사람들도 청정해진다

'심청정(心淸淨) 신청정(身淸淨) 다신청정(多身淸淨)'이라는 말이 있습니다. 내 마음이 청정해지면 몸이 청정해지고, 한 사람이 청정해지면 주변 사람들도 청정해진다는 의미입니다. 기도를 통해 내 마음이 맑아지면 몸도 맑아지고, 몸이 맑아지면 업장이 맑아집니다. 내 업장이 가볍고 맑아지면, 가족의 업장도 가볍고 맑아지며 주변 사람들도 그런 사람을 만나게 된다는 이야기지요. 나의 업장이 두터우면 가족의 업장도 같이 두터워지고 또한 업장이 두터운 사람끼리 모이게 된다는 말이기도 합니다. 목련 존자가 어머니를 지옥에서 구제할 때 어머니 주변에 같이 있던 사람들도 함께 구제됐다고 하지 않습니까. 그와 같이 여러분들이 공덕을 쌓게 되면 가족도 같이 복을 짓게 된다는 이야기입니다.

왜 그럴까요? 우리 세계는 '인드라망'으로 얽혀있기 때문입니다. 우리는 주변 사람들과 함께 그물망처럼 서로 연결돼 있습니다. 내가 죽어서까지도 그 인연이 함께 합니다. 또한 내가 아끼는 물건까지도 인연이 닿아 있지요. 그것을 '인드라망'이라고 합니다. 함께 연결돼있기 때문에 내가 성냥불 같은 작은 불빛이라도 '탁' 하고 켜면 주변 사람들이 함께 밝음을 보는 것입니다. 기도도 마찬가지입니다. 공덕을 쌓는 일과 참회 또한 매한가지예요. 가족을 위해 절에 가서 기도를 할 때, 기도를 절실하게 해서 마음이 맑아지면 그동안 내가 지은 업장이 소멸되고 내 마음이 밝혀지는 것입니다. 또한 나를 위해 기도를 하는 것이 가족을 위함이기도 합니다. 인연이 닿아있기 때문이에요.

이러한 원리와 가르침들을 잘 배우고 기도를 시작하라고 하기 위해 법회에 참석해서 법문을 듣고 바른 이치를 쌓으라고 하는 것입니다. 그리고 내 가족을 진정으로 사랑하고 가족이 진정으로 부처님의 공덕을 받길 바란다면, 가족과 함께 와야 합니다. 내 안의 부처님이 스스로 행하는 일이기에 직접 법당에서 기도하며 본인 스스로의 공덕을 쌓고, 그 공덕이 가족을 사랑하는 만큼 다시 돌아가 함께 마음을 밝히기 때문입니다.

"나는 불자다"

우리는 불자라고 하는 것을 자각해야 합니다. 팔정도(八正道) 중에는 정념(正念)이 있어요. 항상 어느 때나 부처님 마음을 생각하고, 그처럼 바르게 생각하고 생활하는 것을 정념이라고 말합니다. 정념은 내 마음이 삿되게 흔들리지 않게끔 부처님 말씀으로 굳건히 자리잡게 합니다.

몇 년 전 어떤 통계를 봤습니다. 기독교인들 중 한 달에 한 번 이상 교회에 가는 사람이 전체의 80%라고 해요. 그렇다면 한 달에 한 번 이상 절에 가는 불자들은 몇 퍼센트나 될까요? 한 달에 한 번 이상 절에 가는 사람은 전체 불자의 5%라고 합니다. 그만큼 법회 등의 참여율이 굉장히 저조하다는 이야기입니다.

선방에는 이런 말이 있습니다. "항상 대중과 함께 수행하라." 선방에서도 수행을 할 때에는 대중과 함께 앉아서 대중의 힘으로 수행하는 거예요. 혼자 앉아서 기도하기는 쉽지 않습니다. 그래서 법회에 참석해서 함께 기도하고 부처님 법문을 듣는 것입니다.

스님들이 법문할 때 가장 기본으로 지키는 것이 있습니다. 부처님 말씀을 법문하는 것입니다. 부처님 말씀을 전하기 때문에 이 높은 법상에 앉는 것이지요. 제 말을 하고자 한다면 절대 법문을 할 수가 없습니다. 부처님 말씀을 듣고 기도해 '나는 불자다'라는 것을 자각하라고 법회 참석을 독려하는 것입니다. 더나아가 일주일에 한번은 법회에 참석하는 불자가 될 수 있도록 이야기하는 것이지요. 나 스스로가 불자임을 자각하고 살아야, 무슨 일이 벌어졌을 때 내 주먹과 욕설의 힘을 빌리지 않고 부처님 마음으로 힘을 얻게 됩니다. 부처님을 의지하고 부처님의 힘을 빌리는 것입니다.

예를 들어 사고가 났을 때, 사람에 따라 다르긴 하겠지만 어떤 사람은 입에 먼저 의지하게 됩니다. 욕설이 막 튀어나오지요. 그 다음에는 주먹이 왔다갔다 하기도 합니다. 부처님 마음과 가르침이 본인의 마음속에 굳건히 자리잡고 있지 않아서, 즉 정념이 돼 있지 않기 때문에 그렇습니다. 그래서 내가 누구에게 나쁜 소리를 듣거나 화가 날 만한 일이 생겼을 때, 말과 물리력을 행사하는 행동이 나오게 되는 거예요. 정념을 잘 이루고 있으면, 안 좋은 일이 생겼다 하더라도 스스로 자기를 돌아보고 바르게 해결하게 됩니다.

하지만 그런 정념은 그냥 얻을 수 있는 것이 아닙니다. 바로 이렇게 기도를 하고 법문을 듣는 것이 이러한 마음을 자각하게 하는 방법이에요. 법문을 듣고 자신을 밝히는 기도를 하여 내 마음이 부처님 마음으로 딱 무장되어 있을 때, 그런 상황에서 부처님 마음이 나올 수 있는 것입니다. '내 마음속에 부처님을 믿는 마음이 얼마나 돈독한가'를 아는 것이 신심입니다.

여러분들께서도 마음을 맑고 깨끗하게 닦아, 항상 부처님 마음으로 일생을 살아가는 불자가 되기를 바랍니다. 각종 법회를 통해서 기도를 하고 법문을 들으며 불자, 부처님의 후손이 되기를 기원합니다. 또한 간절하게 한 기도로 잘 회향할 수 있기를 바랍니다. 성불하세요.

원명 스님

원일 스님

1978년 백양사에서 벽상 스님을 은사로
입산했다. 1985년 해인사 강원을 졸업하고
1994년 중앙승가대학교를 졸업했다. 이후
해인사, 봉암사 등 선원에서 정진했으며,
15대 중앙종회의원을 역임했다. 현재
고불총림 백양사 주지로서, 학교법인
벽상학원 세지중학교 이사장과 백양실버타운
이사장을 맡고 있다.

여기 기억하고 사랑하고 존중해야 할
여섯 가지 화합하는 법이 있다. 이 법에 의지하여
화합하고 다투는 일이 없도록 하여라.
첫째, 같은 계율을 같이 지키라.
둘째, 의견을 같이 맞추라.
셋째, 받은 공양을 똑같이 수용하라.
넷째, 한 장소에 같이 모여 살아라.
다섯째, 항상 서로 자비롭게 말하라.
여섯째, 남의 뜻을 존중하라.

-『사분율』

화합과 수행이
불교의 희망 원동력이다

춥고 눈이 많이 내리는 겨울은 그 어느 계절보다 시련과 역경의
시기가 아닌가 싶습니다. 그러나 다른 한편으로는 휴식과 준비의
시기이기도 합니다. 혹독한 겨울바람도 때가 되면 훈훈한 봄기운
으로 변하고, 얼어붙은 땅도 녹아 푸른 싹이 나기 마련이에요. 오
히려 추운 겨울을 이겨낸 매화가 더 진한 향을 뿜어내듯, 시련의
시기를 잘 극복하고 준비한다면 결코 힘든 시간만은 아닐 것입니
다. 이처럼 자신에게 힘든 위기가 닥치더라도, 마음을 잘 가다듬
고 차근차근 준비한다면 분명 좋은 시절이 도래합니다.

기억하고 존중해야 할 여섯 가지 화합하는 법

삼동설한에도 용맹정진하는 총림의 수좌스님들과 부처님의 교

리를 전해주기 위해 혼신의 힘을 다하는 전법 현장의 스님들, 그리고 부처님 제자로서 부끄럼 없이 신행활동을 하고 있는 불자들이 있기에 불교의 내일은 희망차다고 하겠습니다.

제게 주어진 주지 소임은 결코 명예의 자리가 아니라 일하는 자리임을 잘 알고 있습니다. 방장스님의 뜻을 받들어, 수행하는 대중들이 공부 잘할 수 있게 불편함이 없도록 하고 외호하는 것입니다. 요즘처럼 물질만능주의 세상에서, 재정이 열악한 고불총림의 살림살이를 살찌우기 위해서는 오직 대중이 화합하고 수행에 전념해야 합니다.

옛말에 "벼룩 세 말은 몰고 가도 중 셋이 함께 가기 어렵다."는 말이 있어요. 그만큼 수행자들의 개성이 강하다는 뜻입니다. 그래서 대중이 많이 모여 사는 총림(叢林)은 더욱 어려움이 많아요. 이 난관을 헤쳐 나갈 수 있는 열쇠는 '화합'입니다. 부처님도 화합을 강조하셨어요. 부처님 재세 시에 하루는 제자들이 다투는 일이 있었어요. 부처님이 여러 비구들을 모이게 한 다음 여섯 가지 화합하는 법을 말씀하셨습니다.

"여기 기억하고 사랑하고 존중해야 할 여섯 가지 화합하는 법이 있다. 이 법에 의지하여 화합하고 다투는 일이 없도록 하여라. 첫째, 같은 계율을 같이 지키라. 둘째, 의견을 같이 맞추라. 셋째, 받은 공양을 똑같이 수용하라. 넷째, 한 장소에 같이 모여 살아라. 다섯째, 항상 서로 자비롭게 말하라. 여섯째, 남의 뜻을 존중하라."(『사분율』)

여러 대중이 모여 사는 총림뿐 아니라 불자들도 꼭 실천해야 할 부처님 가르침입니다.

어려울 때일수록 나누며 더불어 사는 삶

돌이켜보면 근래 우리사회는 유난히 어렵고 힘든 일들을 많이 겪었습니다. 세월호 참사를 비롯해 수많은 사건 사고는 일일이 들춰내지 않아도 국민 모두의 가슴에 커다란 상처로 남아있어요. 그러나 이럴 때일수록 불제자들은 부처님의 가르침을 놓치지 말고 되새겨 더욱 더 수행정진과 가없는 자비행을 펼쳐야 하겠습니다.

고불총림 백양사는 한국불교사에서 매우 뚜렷한 족적을 올곧게 이어가고 있는 대가람입니다. 특히 근세 큰 스승이신 만암 대종사는 백양사에 우리나라 총림 가운데 가장 먼저 고불총림을 설립하셨어요. 전국 25개 교구본사 가운데 총림의 이름을 가진다는 것은 선(禪)·교(敎)·율(律)에 있어서 역사적으로 큰 비중을 차지하고 있다 할 것입니다. 만암 큰스님의 가르침은 지금도 생생히 남아 오늘을 사는 우리들을 이끌고 있어요.

만암 스님이 백양사에 주석했던 시절은 참으로 궁핍했던 시기였습니다. 그중에서도 혹독한 가난과 배고픔은 이 땅에 사는 모든 백성들의 고통이었습니다. 당시는 수리시설이나 영농기술이 형편없어 가뭄이나 홍수가 나면 농사를 망치기 마련이고 힘 없고 돈 없는 농민들만 죽어나던 시절이었어요.

그래서 만암 스님은 흉년이 들면 대중스님들의 밥을 죽으로 쑤어 양식을 아꼈고, 남은 곡식을 절 아랫마을 사람들에게 나누어 주곤 했어요. 그러던 어느 해도 흉년이 들어 수많은 주민이 굶주림에 허덕이고 있었습니다. 어느 날 만암 스님이 원주스님에게 이르기를 마을사람들을 불러 쌍계루 앞에 보를 쌓도록 했습니다.

쌍계루는 지금도 그러하지만 당시 조선 8경 중 하나로 불릴만큼 나라에서 으뜸가는 명승지였어요. 양쪽 계곡에서 흘러오는 물이 만나는 곳에 세워진 쌍계루에서 바라보는 백암산 애기단풍은 그야말로 절경 중의 절경입니다. 그냥 두어도 자연스럽게 흘러내리는 물이 맑고 수량도 많아 경관으로 일품이건만, 일부러 보를 막으라니 대중들은 모두 어리둥절했습니다.

큰스님의 말씀이니, 원주스님은 마을 사람들을 불러 돌을 쌓아 보를 만들어 물을 모았습니다. 그런데 보를 쌓은 불사에는 단서가 있었어요. 마을 사람을 많이 부르면 부를수록 좋은데 꼭 한 집에 한 사람만 부르고, 빠지는 집이 없도록 하라는 것이었습니다. 당시 절에 큰 일이 있으면 마을 사람들도 운력을 하곤 했습니다. 그런데 이번에는 운력이 아니라 품삯으로 곡식을 주는 것이었습니다.

만암 스님이 개천에 보를 쌓도록 한 것은 굶주리는 절 아랫 마을 사람들에게 양식을 나누어주기 위해서였던 것입니다. 그것도 그냥 주면 주민들의 자존심이 상하니 개천에 보를 쌓는 일을 시키고 그 대가로 곡식을 나눠주었던 거예요. 이후에도 백양사는 흉년이 들면 쌍계루 앞 보를 허물었다가 마을사람들을 불러 다시 쌓기를 몇 차례 했습니다.

모두들 살림살이가 어렵다고 해요. 세계경제가 위축되고 서민들의 삶이 팍팍하다고 해요. 그러나 만암 스님처럼 어려울 때 일수록 가진 것을 나누며 더불어 살아가는 것이 불자들의 살림살이입니다.

독경소리를 듣는 양처럼 부처님 말씀을 가까이하라

2015년은 을미년 양띠 해입니다. 12지 가운데 여덟 번째 동물인 양은 성격이 순박하고 부드러워, 양띠 해에는 며느리가 딸을 낳아도 구박하지 않는다는 속설이 있어요. 이처럼 평화를 상징하는 양은 성격이 온화하여 좀처럼 싸우는 일이 없다고 합니다. 무리를 지어 살면서도 동료 간에 자리다툼이나 암컷을 독차지하려는 욕심도 갖지 않는다고 합니다. 그리고 양은 효(孝)의 동물로 통해요. 젖을 먹을 때 새끼 양은 무릎을 구부리고 어미젖을 먹습니다. 그리고 힘없는 늙은 양에게도 젖을 먹이는 효성스런 동물이기도 합니다.

조선을 건국한 이성계가 하루는 양 꿈을 꾸었습니다. 꿈속에서 양을 잡으려 하자 뿔과 꼬리가 떨어져나가 깜짝 놀라 깼어요. 마음이 뒤숭숭해진 이성계는 무학 대사에게 꿈 이야기를 했습니다. 그러자 무학 대사는 왕이 될 길몽이라며 해몽을 해주었습니다. 한자로 양(羊)에서 뿔과 꼬리를 떼고 나면 왕(王)자만 남게 됩니다. 그러니 임금이 된다는 것입니다. 그 후 이성계는 정말 왕이 되었고, 지금도 양 꿈은 길몽으로 해석하고 있어요.

고불총림 백양사(白羊寺)란 이름도 흰 양을 제도한 데서 유래합니다. 조선 선조 때 환양 선사가 백암산 영천암에서 『법화경』을 설하였습니다. 스님의 법문을 듣고자 수많은 사람이 구름처럼 몰려들었어요. 법회가 한창이던 어느 날 흰 양이 내려와 스님의 설법을 들었고, 법회가 끝난 날 밤 스님의 꿈에 흰 양이 나타났습니다.

양이 말하길 "저는 천상에서 죄를 짓고 축생의 몸을 받았는데, 이제 스님의 설법을 듣고 업장 소멸하여 다시 천국으로 환생하여 가게 되었습니다."라며 절을 하고 물러났습니다. 이튿날 절

아래를 살펴보니 흰 양이 죽어 있어 장례를 치렀습니다. 그 이후 절 이름을 백양사라고 고쳐 불렀다고 합니다.

이 이야기를 조금 더 덧붙여 해드리겠습니다. 백암산 약사암에서 정진하던 팔원 스님은 늘 『법화경』을 독경했습니다. 그런데 어느 날부터인가 흰 양 한 마리가 나타나 독경소리에 취한 듯 내내 무릎을 꿇고 앉아 있는 거예요. 그러다가 독경이 끝나면 조용히 사라지는 겁니다. 날이 지날수록 스님의 독경을 듣는 양의 숫자가 하나둘 늘어가더니 흰 양 100마리가 되었습니다. 그래서 백양사라는 이름을 붙였고, 팔원 스님은 양을 불러들였다 해서 환양(喚羊) 선사라고 불렀습니다.

난관을 헤쳐갈 수 있는 최고의 덕목은 바로 화합입니다. 아무쪼록 올해 을미년에는 양처럼 착하고, 남에게 해를 끼치지 않으며, 효도하고, 부처님 말씀을 가까이 하는 불자가 되기를 기원합니다.

원일 스님

자현 스님

근일 스님을 은사로 출가했다.
1982년 사미계를 받았으며, 1985년 구족계를
수지했다. 제14, 15대 조계종 중앙종회의원을
역임했으며 16대 수석부의장으로
활동 중이다. 현재 안동 봉정사 주지를
비롯해 학교법인 능인학원 이사장,
안동불교사암연합회 회장 소임을 맡고 있다.

운력은 수행의 연장선에서 하는 것이지,
노동 그 자체가 목적인 것은 아닙니다. 이는 '일꾼은
공부를 해도 일 삼아 공부를 하고, 공부꾼은 일을 해도
공부 삼아 일을 한다'고 할 수 있어요. 수행자에게는
먹고 자고 일하고 쉬는 것까지도 공부여야 합니다.
공부가 따로 있고 자기의 삶이 따로 있을 수 없는
거예요. 그래서 졸음이 오면 이겨내기 위해서
몸부림치고, 배고프면 오히려 불식(不食)도 하고
일종식(一種食)도 하면서 극복하는 것입니다.

공부꾼은 일을 해도
공부 삼아 일을 한다

우리나라 선원에서는 여름과 겨울 한 차례씩, 3개월간 수행에 전념하는 안거(安居) 제도를 시행하고 있습니다. 이를 하안거와 동안거라고 합니다. 안거를 시작하는 것을 결제(結制), 마치는 것을 해제(解制)라고 합니다. 그런데 흔히 해제를 두고 방학이나 쉬는 날의 시작으로 오인하는 경우가 많아요. 그러나 수행을 위한 공부는 결제 때만 하는 건 아닙니다. 출가자와 재가자를 막론하고 공부를 발원해서 시작한 때가 결제이고, 공부를 마쳐야만 해제인 것입니다.

수행자의 '먹는 타령, 잠 타령, 공부타령'

발심출가한 출가대중이나 부처님 법에 귀의하여 발원한 재가불

자현 스님

자나, 모두 공부하는 날이 따로 있다고 여기는 것은 맞지 않습니다. 하루 24시간도 모자랄 판인데 잠 잘 자고 놀 것 다 놀면서 남는 시간에 공부할 수는 없어요. 이는 마치 돈을 벌어서 쓰고 싶은 것 다 쓰면서도, 알뜰히 저축하면서 보금자리를 마련하겠다고 안달을 내는 것과 같습니다.

공부도 마찬가지예요. 출가자든 재가자든 어떻게든 내 욕망을 극복해가며, 나를 찾는 공부를 해야 합니다. '나는 어디서 와서 어디로 가는가', '부모로부터 이 몸 받기 전에 나는 누구인가', '태어나서 나라고 하는 지금의 나는 과연 누구인가' 등을 끊임없이 참구해야 합니다.

사람이든 짐승이든 때가 되면 몸뚱이가 허물어지고 맙니다. 그리고 극락이든 천상이든 삼악도(三惡道)이든, 어디든 가서 새로 나야 하는 것입니다. 그렇게 오고 가는 내가 과연 누구인지를 궁구하는 일이 바로 수행이에요. 그렇지만 흔히 주객이 뒤바뀌어 객이 주인 노릇하고 주인이 객 노릇을 합니다. 육신의 욕망에 팔려 정신을 어지럽히지는 않는지, 부질없는 일로 세월을 허송하지 않았는지 살펴야 합니다.

큰스님들은 법문을 통해 "수행자가 세 가지 타령만 하면 도(道)에 이르기 어렵지 않다."고들 말합니다. 첫째는 먹는 타령이고, 둘째가 잠 타령, 셋째로 공부 타령입니다.

먹는 것을 밝히고 꿀잠을 자는 수행자?

수행하는 사람이 왜 '먹는 타령'을 할까 싶지만, 이는 수행을 오래 하다 보면 그만큼 단순해진다는 것을 시사하는 대목이에요. 어른이 먹는 타령이나 하면 철이 안 들었다고 핀잔을 주겠지만, 어린아이가 먹는 타령할 경우엔 그렇게 나무라지 않는 법입니다.

다시 말해 수행을 하다보면 차츰 어린아이가 되어갑니다. 어른들처럼 현실 이익을 좇거나 체면을 중시하지 않고, 천진난만한 본연의 모습을 살아가게 되는 것입니다. 그냥 단순해져서 어린아이처럼 먹는 것 자체를 얘기하는 것인데, 이를 지켜보는 사람이 단순하지 못하다면 그것이 '철없는' 타령으로 들릴 것입니다. 세속의 이익을 좇아 사는 이들은 이러한 이치를 쉽게 납득하지 못해요.

어버이의 마음으로 안거대중을 외호하는 소임자나 단월(檀越, 신도)들은 단순하게 오로지 정진에만 일관하는 납자들의 모습에서 부러움을 느낍니다. 일전에 스님이 선방에서 공부하는 모습을 임의로 상상하던 사람들이, 막상 선원에 대중공양하러 왔다가 수좌들이 의외로 간단한 대중공양물에 좋아하는 모습을 보고 실망했다는 얘기를 들은 적이 있습니다. '공부하는 사람이 먹는 것을 밝힌다'면서 신심(信心)이 떨어졌다는 푸념입니다. 하지만 이럴 때 생각의 방향을 바꾸면, 오히려 훌륭한 공부의 맛을

자현 스님

보게 됩니다.

　사람들은 복잡한 세상에 맞춰 더 복잡하게 살아야만 잘 사는 것이라고 생각하기 쉽습니다. 그러나 수행의 측면에서 보면, 세상이야 어찌 되든 그저 단순해져야 공부의 맛을 볼 수 있어요. 세상의 낙을 좇았다면 출가를 하지도 않았겠지요.

　두 번째 '잠 타령'을 한번 잘 생각해 봅시다. 불면증에 걸린 사람에게는 잠을 잔다는 것이 정말로 힘든 일입니다. 걱정 근심이 많은 사람은 아무리 잠을 청해도 잠이 오지 않을 것입니다. 생각을 쉬어야 잠이 오는 것인데, 온갖 번민으로 골치가 지끈지끈한데 잠이 오겠습니까. 반면에 밤낮으로 조용한 가운데 앉아 수행에 몰두하면 잠이 얼마나 잘 오겠습니까. 공부는 해야겠는데 몸과 마음은 생각처럼 따라오지 않고, 날은 덥고 좌복 위에 종일 앉아있으니 참으로 죽을 맛입니다. 그렇게 엉덩이에 땀띠가 돋아나곤 하는데 순간순간 쏟아지는 졸음과 잠깐씩 드는 잠이 얼마나 꿀맛이겠습니까. 이 경우 그 쏟아지는 잠을 이기겠다고 몸부림치는 수행자의 모습을 떠올려봅시다. 여기에서 화두(話頭)가 성성하다면 잠이 문제가 되지 않아요. 물론 아예 공부를 포기한 경우도 잠 타령과는 전혀 무관해집니다.

　부모의 입장에서 자식이 그런 곤혹스런 상황에 처했다고 생각해 봅시다. 과연 그를 어떤 마음으로 대할 것인가요. 스님들이 그냥 잠 타령이나 한다고 말할 수 있을까요? 가령 수험생을 둔 부모가 입시공부에 시달리는 자녀의 수마(睡魔)와 싸우는 모습을 보고 그저 나무라기만 할까요.

제방의 여러 선원에서 정진하는 납자(衲子)들이 있어 그래도 한국불교에 희망이 있다고 생각합니다. 공부하는 사람이 있고, 공부하려고 노력하는 사람이 있기에 한국불교는 희망이 있습니다. 흔히 인용하는 '상구보리 하화중생(上求菩提 下化衆生)'이라는 말은 무게감이 큽니다. 먼저 깨달음을 구하고 다음으로 중생을 제도한다는 원력의 보살이 있기에 이 땅에 불교의 미래가 있는 것입니다.

세상에서 불교를 보는 관점에 따라 이런저런 잡음이 있어도, 불교에 대한 기대는 여전한 것이 그런 연유 아니겠습니까. 수행자가 있기에, 육신으로서의 부처님은 가셨지만 법신(法身)으로서의 부처님은 영원한 것입니다. 수행자가 없다면, 아무리 형식으로서의 불교가 발달해도 결국 불교는 박물관에 전시되는 신세로 남의 구경거리에 지나지 않을 것입니다.

공부와 삶이 따로 있지 않다

이제 마지막 '공부 타령'을 봅시다. 공부를 하기 위해서 실상 먹는 타령도 있고, 잠 타령도 있는 겁니다. 공부를 위해서 용을 쓰다 보니 먹어야 되고, 또 잠을 이기려고 하니 잠 타령이 나오는 것이지요. 앞의 두 가지 타령에 공부 타령만 있고 다른 생각이나 망념이 들지 않는다면 이를 두고 누가 감히 논설시비(論說是非)를 하겠습니까?

일상 속 사람들은 아마 공부 타령 하기가 쉽지 않을 것입니다. 왜냐면 우선 먹고사는 데 취하여 바쁘고, 좋은 집 가져야 하고, 쾌락을 즐겨야 하는 등 당장 시급한 일이 많고 생각도 복잡해서 접근이 쉽지 않은 까닭입니다. 그래도 여러분들이 부처님께 시주하는 공덕을 쌓으면, 스님들이 그 덕에 먹는 걱정하지 않으며 공부만 생각할 수 있는 것입니다. 만약 스님들이 돈을 벌기 위해서 수행한다고 생각해보세요. 과연 공부하는 사람이 나올 수 있겠습니까.

물론 스님들이 '일일부작 일일불식(一日不作 一日不食)'이라는 청규에 따라 운력을 하고, 여기 봉정사에서 보듯 모든 채소를 직접 재배해 자급자족하는 경우도 있습니다. 하지만 밭에 나가서 운력을 하는 것도 수행의 방편이에요. 수행의 연장선에서 하는 것이지 노동 그 자체가 목적인 것은 아닙니다.

이는 '일꾼은 공부를 해도 일 삼아 공부를 하고, 공부꾼은 일을 해도 공부 삼아 일을 한다'고 할 수 있어요. 수행자에게는 먹고 자고 일하고 쉬는 것까지도 공부여야 합니다. 공부가 따로 있고 자기의 삶이 따로 있을 수 없는 거예요. 그래서 졸음이 오면 이겨내기 위해서 몸부림치고, 배고프면 오히려 불식(不食)도 하고 일종식(一種食)도 하면서 극복하는 것입니다. 남들처럼 먹을 것 다 먹고 잘 잠 다 자고 공부하지는 않습니다. 잠을 줄이고 먹는 것을 줄여가다 보니 먹는 타령 잠 타령이 나온 것으로, 결국 공부 타령에서 벗어나 존재하는 것이 아닙니다.

오늘 법회에서 수행자의 세 가지 타령을 굳이 말씀드린 이유는 수행이 선방에 있는 스님들만의 특권은 아니기 때문입니다. 출가 · 재가를 막론하고, 사부대중이 다 마찬가지입니다. 근본적으로 수행하려는 마음이 없는데, 가정을 위해서 기도하고 영가를 위해서 염불한다고 무슨 영험이 있겠습니까. 마음 없는 그것이 바로 공염불(空念佛)이고, 소리만 따라 읊는 것입니다. 나를 찾으려는 진정한 노력이 곁들여진 염불을 해야 나와 가정과 영가를 위한 기도가 되고 천도재가 되는 거예요. 염불을 해도 이 염불하는 자가 누구인지 진정한 관(觀)을 견지한다면 선(禪)과 결코 다를 것이 없어요. 여러분 모두가 공부해서 힘을 얻어 이 세상을 불국토로 바꾸는 주인공이 되기를 바랍니다.

자
현
스
님

주경 스님

고등학교 때 도선사불교학생회를 다니면서
불교에 심취, 동국대 불교학과에 입학해
출가를 꿈꿨다. 한국대학생불교연합회
서울지부장을 거쳐 1986년 수덕사에서 설정
스님을 은사로 출가했다. 1989년 비구계를
수지하고 1993년 해인사승가대학을
졸업했다. 조계종 포교원 포교국장과
불교문화사업단 사무국장, 총무원 기획실장
등을 역임했다. 현재 서산 부석사 주지로서,
불교신문사 주간으로 있으며 제16대 조계종
중앙종회의원이다.

가까운 사람을 절에 데리고 오는 게 쉽지 않습니다.
저도 출가 전에 동생과 친구를 포교하려고 애를 많이
썼어요. 오래도록 힘들게 설득해 절에 데리고
갔습니다. 그런데 이후 내가 조금 잘못된 행동을 하면
"형은 불교를 믿는 사람이 왜 그러냐."고 뭐라 합니다.
그럴 때마다 행동을 돌아보고 조심하게 됐습니다.
포교는 남을 교화하면서 동시에 나를 변화시키는
아주 좋은 수행이 되는 것입니다.

평상심으로 세상을
있는 그대로 보라

불교를 공부한다는 것은 무슨 뜻일까요? 생각과 마음이 비정상일 때 판단하거나 결정하지 말고 평상심(平常心)으로 보는 것, 이것이 바로 불교를 공부하는 방법입니다. 예를 들어 어떤 스님이 예쁜 여자를 만났을 때 마음이 두근두근 뛰었다고 합시다. 스님도 사람이라 그런 마음이 들 수 있어요. 하지만 잠시 뒤 마음이 가라앉았을 때, 부처님 제자로 수행하고 사는 지금의 모습이 얼마나 좋은 일인가를 생각하게 됩니다. 그런 가라앉은 마음을 가질 때 비로소 좋은 스님으로 성장하게 됩니다.

평상심이 곧 도(道)이다

수행은 평상심을 잘 유지하는 마음을 지니는 것입니다. 부처님께서도 가끔 제자들을 야단치셨습니다. 하지만 부처님은 어떤 분노에도 끄달리는 법이 없었어요. 그때의 인연이 지나면 내려놓는 것입니다. 평상심이란 순간적인 어떤 현상에 마음이 치우치거나 그것에 얽매이지 않고 담담하게 바라보는 것을 말합니다.

몸이 아프면 병원에 갑니다. 짧게는 며칠에서 몇 달까지 진단을 받고 치료를 하다보면 상처는 아뭅니다. 그런데 한번 다친 마음의 상처는 잘 없어지지 않아 오랫동안 간직하고 사는 사람들이 많아요. 기도와 수행을 한다면 결국 마음의 상처를 치유해야 합니다. 몸이 나아지고 시간이 지나면 마음의 상처도 버릴 수 있어야 해요. 어떻게 치료를 하느냐? 다친 것에 대한 두려움과 집착을 버리면 됩니다.

옛날, 한 선사께 제자가 물었습니다. "스님께서는 어떻게 수행을 하십니까?" "나는 배고플 때 먹고, 목마르면 물마시고, 피곤하면 쉰다."고 답했습니다. 당연한 말 같지만, 그렇지 않습니다. 우리는 밥을 먹으면서 신문도 보고 텔레비전도 보고 휴대폰에 빠지곤 합니다. 잠을 자면서도 정신없이 꿈속을 헤매곤 합니다. 밥을 먹지만 온갖 망상과 함께 먹고, 잠을 자지만 망상과 함께 밤을 보냅니다. 수행이란 그러한 망상을 벗어나 오롯하게 행동하는 것입니다. 잡념과 망상을 벗어나 과연 그렇게 생활하고 있는지 돌아봐야 합니다.

여러분들은 어떤 원력을 지니고 있습니까? 아미타부처님

은 48가지 원력을 세웠으며, 약사여래보살은 12가지 원을 세웠어요. 우리 불자들의 원(願)은 무엇입니까? 지금 불단을 보니 '합격발원'이 가장 많은 것 같습니다. 하지만 내 자식이나 손자들을 위한 발원이 대학합격에만 그쳐서야 되겠습니까. 다른 더 좋은 원도 한번 세워보시기 바랍니다. 내 자녀와 손자들을 신심 있는 불자로 만들겠다는 포교의 발원을 세우면 좋겠습니다.

오늘 하루 부처님 밥값은 했는가!

택시 운전기사가 있습니다. 이 기사는 과속도 안 하고, 신호도 잘 지키며 사고도 없이 안전운전을 합니다. 그런데 손님이 없습니다. 택시의 목적은 승객을 태우고 운임을 받아 가족을 먹여 살리는 데 있습니다. 그런데 빈 택시는 목적을 성취할 수 없습니다.

원력이 없이 사는 것은 빈 택시와 같아요. 일생을 무난하게 시비도 없고 사고도 없이 살아가지만, 성취와 보람이 없는 삶은 빈 택시와 같은 거예요. 불자들의 원력이 택시의 손님과 같습니다. 이 달에는 이런 일을 해야겠다, 올해는 이런 일을 이뤄야겠다, 금생에는 이런 일을 이루어야겠다는 크고 작은 원력을 반드시 가져야 합니다.

저는 출가해서 가진 첫 번째 원력이 '부처님 밥값을 하겠다'

는 것이었습니다. 그 원력의 하나로 4명의 출가제자를 뒀어요. 제자를 찾아 나선 것은 아니지만, 출가하겠다고 찾아오는 제자를 거부한 적이 없습니다. 스승이 된다는 것은 매우 부담스런 일입니다. 흔히 '상좌 한 명이 지옥 하나'라고 해요. 그만큼 제자를 두고 공부 시키려면 여러 가지 어려움을 감내해야 한다는 뜻입니다. 요즘 젊은 세대들이 자식을 낳지 않으려고 하듯이 일부 스님들도 상좌 두기를 꺼려하고 있습니다. 하지만 불법과 인연을 맺겠다는 사람들을 실망시키고 돌아 세울 수는 없는 일입니다. 그래서 출가를 하겠다면 받아들이고 있습니다. 여러분들도 포교를 위해 원력 하나를 세워보시길 바랍니다. 때로 독실한 불자가 돌아가셨는데 자식들이 49재를 지내지 않는 경우가 있습니다. 자녀들에게 불법을 전하지 못해 불심이 없어서 그렇습니다. 그러면 자녀들에게 어떻게 불교를 전해 주어야 하겠습니까?

제가 머무는 산에는 흰색, 노란색 민들레가 지천으로 널렸습니다. 봄이면 민들레 홀씨가 하늘로 가득히 날아오릅니다. 처음에는 그냥 '작은 씨앗들이 날아가는 구나' 하고 바라봤는데, 그 작은 꽃씨가 땅에 떨어져 많은 꽃들을 피워냅니다. 자녀들에게 불교 인연을 만들어 주십시오. 어떤 방법이 좋을까요?

〈불교신문〉을 보내주는 것도 좋은 방법이에요. 일주일에 2번 신문을 받아보다 보면, 어느 순간 한마디 법문에 마음이 열리고 인연이 돼 불자가 될 수 있습니다. 수십 번 신문을 버리다가도 한번 읽은 인연이 불자로 이끌 수 있습니다. 이것이 가족포교의 원력을 실천하는 것입니다. 부처님의 전도선언은 모든 불자가 새겨야 할 내용을 담고 있어요.

"비구들이여, 전도를 떠나라. 많은 사람들의 이익과 안락과 행복을 위하여, 세상을 불쌍히 여기고 인간과 신들의 이익과 행복과 안락을 위하여 전도를 떠나되 두 사람이 한 길을 가지 말라. 비구들이여, 처음도 좋고 중간도 좋고 끝도 좋으며, 조리와 표현을 갖춘 법(진리)을 설하라. 사람 중에는 마음의 더러움이 적은 이도 있거니와, 법을 듣지 못한다면 그들도 악에 떨어지고 말리라. 들으면 법을 깨달을 것이 아닌가. 비구들이여, 나 또한 법을 설하기 위해 우루벨라로 가리라."

모든 불자들이 반드시 외우고 마음에 담았으면 합니다.

포교는 교화와 동시에 나를 변화시키는 수행이다

출가 후 3년 정도는 속가와 인연을 이어갔습니다. 그런데 어머니가 만날 때마다 환속해 결혼하라고 해서 속가와 소식을 끊었어요. 그렇게 몇 년 지나 어찌어찌 나를 찾아내 어머니가 절에 왔습니다. 결국 다시는 환속하라는 말을 하지 않기로 약속하고 지금껏 인연을 이어오고 있습니다. 그런데 요즘은 "다섯 형제 가운데 우리 셋째 아들이 가장 성공했다"며 좋아하십니다.

부처님오신날 절에 오셨다가 "국회의원도 오고, 시장이며 높은 분들과 수많은 사람들이 다 내 아들 있는 절에 온다. 이렇게 성공한 자식이 어딨냐!"며 좋아하십니다. 부처님 법이 이처럼 참 좋은 것입니다. 부처님 생일을 온 국민이 기억하며, 기념하기 위해 찾아오지 않습니까. 안팎으로 이렇게 좋은 법을 왜 주변 사람에게 전하지 못하고 있는 것입니까?

가까운 사람을 절에 데리고 오는 게 쉽지 않습니다. 저도 출가 전에 동생과 친구를 포교하려고 애를 많이 썼어요. 오래도록 힘들게 설득해 절에 데리고 갔습니다. 그런데 이후 내가 조금 잘못된 행동을 하면 "형은 불교를 믿는 사람이 왜 그러냐."고 뭐라합니다. 그럴 때마다 행동을 돌아보고 조심하게 됐습니다. 포교는 남을 교화하면서 동시에 나를 변화시키는 아주 좋은 수행이 되는 것입니다.

우리가 기도하고 수행하며 부처님 법문을 듣는 것은 편견을 버리고 있는 그대로 보기 위해서예요. 이를 여실지견(如實知見)이라고 합니다. 부처님께서 세상을 보는 방법이 여실지견입니다. 탐욕과 분노와 고집스런 마음이 아닌 고요하게 가라앉은 마음으로 세상을 보는 것이 여실지견입니다.

잘못된 말 한마디가 때론 다른 사람의 마음속에 들어가 화살과 독이 됩니다. 고통과 분노, 미움과 원망의 씨앗이 됩니다.

그러니 말 한마디라도 조심해서 해야 합니다. 나 자신도 남들도, 있는 그대로 보도록 노력해야 하겠습니다. 이것이 바른 수행의 길이며 불자의 길입니다.

자리에 함께하신 모든 분들께 불보살님의 가피가 함께하고, 하루하루 기도하고 염불하면서 정진하는 불자들이 되어주시기 바랍니다.

주
경
스
님

무각 스님

오대산 문중으로 출가, 혜거 스님을 은사로
득도했다. 동국대 불교학과를 졸업하고
미국 오하이오 등지에서 5년간 주지 소임을
맡아 해외 포교에 진력하다 귀국했다. 도심
속에서 선(禪) 수행을 지도하는 대표적인
선사로 조계사에서 참선을 지도했다. 현재
잠실 불광사 불광선원, 쌍문동 공생선원
선원장으로 선을 통해 진정한 삶의 자유와
기쁨을 누리도록 이끌어주고 있다. 저서로
『그대 삶이 경전이다』가 있다.

마음을 닦는 사람들은 하늘을 우러러 당당합니다.
세상 사는 데 조금도 부족함이 없습니다. 모두에게
평등하고 겸손합니다. 세상에 지고 나온 것대로 열심히
경험하고 살아가는 거예요. 마음을 닦는 이유는 텅 빈
허공처럼 자유롭고 밝게 살기 위해서입니다.
대자유인, 부처가 되기 위해서입니다. 그러니
비교하지 마십시오. 누구 남편은 이랬고 누구 자식은
저랬다는 이야기들은 다 소용없습니다. 그저
그 자식을 통해서, 남편을 통해서 자신의 도를
닦는 것일 뿐입니다.

바람처럼 자유롭고
허공처럼
한계가 없는 대자유인

'천상천하 유아독존(天上天下 唯我獨尊)', 부처님께서는 태어나자마자 사방으로 일곱 발자국을 걸으면서 한 손은 땅을 한 손은 하늘을 가리키며 하늘 위나 하늘 아래나 나 홀로 존귀하다고 선언했습니다. 천상천하 일체 모든 중생이 본래 부처라는 말입니다. 여러분들이 그만큼 귀한 존재라는 소리입니다.

'살아있음'이란 그저 마음 닦는 일이다

이 세상이 존재하는 이유는 여러분 때문입니다. 내가 있기 때문에 이 세상이 존재하는 거예요. 나로 인해서 이 세상천지 삼라만상(森羅萬象) 만물만생(萬物萬生)이 전부 존재하는 것입니다. 그런데 우리는 종종 자신을 아끼지 않고 우습게 여기며 함부로 해버리지요. 그러지 말아야 합니다. 이 세상에서 가장 소중한 것이 나입니다. 내가 죽으면 이 세상이 무슨 의미가 있겠습니까. 우울하거나 궁핍하다고 불평하면 안 됩니다. 살아있는 것 자체가 선택받은 사람이라는 것입니다.

예전에 이런 일이 있었습니다. 조계사 마당에 앉아서 예불하는 것을 보고 있었지요. 그런데 한 사람이 느릿느릿 오래 뜸을 들이면서 제 옆으로 오는 게 아니겠어요. 뇌성마비를 앓고 있는 여학생이었습니다. 뇌성마비는 몸이 자기 마음대로 안 되는 상태지요. 그 학생이 다가와 이렇게 물었습니다.

"스님, 저는 무슨 업보로 이런 과보를 받았습니까?" 그래서 이렇게 되물었습니다. "학생, 그럼 나는 무슨 업보로 이렇게 머리 깎고 중이 됐을까요?" 학생이 놀라서 눈을 똥그랗게 뜨고 쳐다보는 거예요. 이렇게 이야기했습니다.

"무슨 업보가 어디 있겠습니까. 학생은 이 세상에 마음, 즉 도(道)를 닦으러 나온 것입니다. 나도 지금 도 닦으려고 이 모습을 하고 있지요. 마음을 닦으려 머리 깎고 승복을 입었듯이 학생도 도를 닦기 위해 학생 몸을 가지고 나온 것입니다. 거기서 더도 아니고 덜도 아닙니다. 그냥 그것이 다예요. 모든 존재가 다 그와 같아요. 조금치도 잘난 것이 없고 못난 것이 없습니다. 좋은 것도 나쁜 것도 없습니다. 그냥, 그 몸을 가지고 각자 독특한 체험을 하고 걸어가는 것 그뿐입니다."

그 학생은 눈이 휘둥그레지더니 합장하고 꾸벅 인사를 하더니 돌아갔습니다. 어떤 사람들은 집이 부유하기도 하고 가난하기도 하지요. 자식이 공부를 잘하기도 못하기도 하고, 남편이 잘해주기도 못해주기도 하고 사람에 따라 모두 천차만별입니다. 하지만 그 사람들 사이에 다른 것은 하나도 없습니다. 결국 전부 도 닦는 일입니다. 깨달아가기 위한 방편으로 만나게 되는 것이고, 이와 같은 경험 속에서 깨달아가게 됩니다.

이런 자식을 만나기도 하고 저런 자식을 만나기도 합니다. 얼굴이 조금 예쁘기도 하고 못나기도 하고, 몸이 건강하기도 하고 좀 건강치 못하기도 하지요. 하지만 이런 것들도 결국엔 다 도를 닦기 위해서 주어지는 것입니다. 상황이 나를 규정하는 것이 아니라는 의미입니다. 상황은 그저 경계(境界)일 뿐입니다. 나라는 것이 작용되어 이와 같이 나타났고, 이와 같이 살고 이걸 경험하면서, 그저 마음을 닦기 위해 이렇게 걸어가는 것입니다.

단지 뚜벅뚜벅 걸어갈 뿐이다

그렇기에 마음을 닦는 사람들은 하늘을 우러러 당당합니다. 세상 사는 데 조금도 부족함이 없습니다. 모든 존재가 다 그와 같으니 모두에게 평등하고 겸손합니다. 세상에 지고 나온 것대로 열심히 경험하고 살아가는 거예요. 그것이 도, 즉 마음을 닦는 것입니다. 마음을 닦는 이유는 텅 빈 허공처럼 자유롭고 밝게 살기 위해서입니다. 대자유인, 부처가 되기 위해서입니다. 그러니 비교하지 마십시오. 누구 남편은 이랬고 누구 자식은 저랬다는 이야기들은 다 소용없습니다. 그저 그 자식을 통해서, 남편을 통해서, 부모를 통해서, 친구를 통해서 자신의 도를 닦는 것일 뿐입니다.

다른 사람이 내게 욕을 바가지로 해도 '저 사람이 내 마음을 닦게 해주려고 저렇게 수고를 하는구나.' 생각하세요. 조금 힘들어도 뭐든지 감사하게 생각하세요. 저렇게 본인이 악업을 지어가면서 나투어서 내가 마음 닦을 수 있게 애쓰는구나 하고 알게 되면 낱낱이 감사한 마음이 생깁니다.

우리는 자기 마음 거울을 깨끗이 닦기 위해서 이 세상에 나왔으니까, 그저 뚜벅뚜벅 걸어갈 뿐입니다. 힘든 일이 생겨도 '이 일도 내 마음을 닦아내기 위해서 왔구나' 하고 생각을 탁 놓고 가고, '이런 일도 경험하기 위해서 이 일이 왔네' 하며 떠올린 생각을 내려놓고 가면 됩니다. 좋은 일이 생기면 '마음 닦는데 선물까지 줘서 고맙다' 생각하고, 그 생각마저도 그 자리에 내려놓고 가면 됩니다.

지금까지 마음공부에 소극적이었다면 이제는 적극적인 수행을 하시길 바랍니다. 법문을 듣고 교학적인 지식을 얻었다면,

그 지식을 수행으로 내 생활 속에 적극적으로 적용시키세요. 또 무엇인가에 기대어 바라는 마음을 가지고 있었다면, 지금부터는 내면의 세계로 들어가서 본질을 직접 바꾸세요. 부처님, 관세음보살님, 지장보살님 따로 찾지 말고 자기 안에 있는 자성의 부처를 믿고 자성의 부처를 바라본다면 어디에도 의지하지 않는 대자유인이 됩니다. 의지하는 것이 있으면 자유인이 아닙니다. 어디에도 의지함이 없는 자유인이 되라는 것이 부처님의 가르침입니다.

삶의 무게를 감당할 수 없기 때문에 우울하고, 일상에서 오는 스트레스로 삶이 고단하고 피곤하지요. 그 근본해결책은 수행을 통해 나의 본래 모습을 깨닫는 것입니다. 나의 본래 모습을 깨닫는다면 마음이 허공같이 넓어져 어디에도 막히거나 걸리지 않습니다. 또한 마음이 고요해지고 평정이 유지되어 진정한 내면의 평화와 행복을 찾아가는 길이 열립니다.

경계에 지배받으면 중생이 되고 경계에 얽매이지 않으면 깨달은 사람이 됩니다. 자기 자성의 부처를 믿고, 모든 것을 거기다 맡겨 허공처럼 본래 공한 그 자리에 '척' 하고 안주할 수만 있다면 더도 덜도 없는 깨달음을 얻게 됩니다.

주
경
스
님

어떻게 하면 잘 사는가?

결국 인생의 근본문제는 자신이 해결해야 합니다. 사람의 몸을 받아서 불제자가 된 지금, 지금 수행하지 않으면 다시 못한다는 사실을 자각하고 내일로 미루지 말고 마음공부를 시작해야 합니다. 나는 어디서 어떻게 걸어왔는지, 어디로 가고 있는지, 왜 사는지, 현재 무엇을 하고 있는지, 무엇에 공헌하고 있는지 내면의 자성을 발견하십시오. 그러면 내 자신에 대한 이해가 깊어지면서 내 잘못이 보이고 자신을 인정하게 됩니다.

어떻게 사는지에 따라 영광된 삶일 수도 있고 부끄러운 오욕을 남기는 삶일 수도 있습니다. 어떻게 하면 잘 사는가? 불법을 귀하게 여기고 거기에 의지해서 살겠다는 의식의 변화를 일으켜야 합니다. 본래 불성의 인품이 나도 모르게 자리를 잡아서, 일상생활에서 보살로 살아갈 수 있는 심성으로 바뀌는 것을 공덕으로 삼아야 합니다.

고통의 원인인 집착에서 벗어나는 방편이 참선수행입니다. 참선은 항상 깨어있는 마음입니다. 우리 생활 그대로 참선을 할 수 있지요. 참선은 어렵지 않습니다. '행주좌와 어묵동정(行住坐臥語默動靜)' 일상생활의 모든 순간순간, 일하면서 놀면서 삶 속에서 항상 하는 것이에요. 밥을 준비하면서도 생각을 고요히 지혜롭게 해서 맛있는 음식을 딱 만들어내는 것이 다 참선입니다. 밥 먹는 것이 그대로 참선이고, 요리하는 것이 그대로 참선이고, 누워서 자면서도 참선하는 것입니다. 항상 고요하게 내면을 응시하는 것이 다 참선입니다. '지금 하던 거 빨리 끝마치고 앉아서 참선해야지.' 하는 것이 아니에요. 하고 있는 그대로 참선이 돼야 합니다. 삶 속에서 참선을 통해 나를 확인할 수 있는 것입니다. 진정한 나, 나의 성품, 본래 모습인 자성불(自性佛)을 보고 깨닫는 그것, 자기가 자신을 대면하는 그것을 견성(見性)이라고 해요. 성품을 봤다는 의미입니다. 견성을 체험하면 대립과 갈등의 고통에서 벗어나, 바람처럼 자유롭고 허공처럼 한계가 없는 영원한 대자유인으로 살아갈 수 있습니다.

허리를 바르고 곧게 펴세요. 그리고 눈을 편안하게 아래로 뜨세요. 눈을 감으면 다가오는 경계를 피하게 되고, 잠이 오게 됩니다. 허리는 세우되 몸과 마음의 힘을 빼고 고요하게 앉아 자기 가슴 가운데 깊은 곳에 자성의 부처를 찾으십시오. 아이가 엄마를 찾듯이 지극하게 간절하게 부처님을 찾으세요. 세 살배기 어린아이가 엄마를 믿듯이 그렇게 철석같이, 믿는다는 생각조차도 없이 하라는 것입니다. 내 근본, 내 뿌리를 믿는 것이 이 공부의 처음이자 끝입니다.

연
광
스
님

지현 스님을 은사로 출가했다.
1992년 사미계를 수지하고, 2001년 구족계를
수지했다. 현재 무등산 자락에 위치한 광주
증심사 주지로 지역포교에 힘쓰고 있다.
제16대 조계종 중앙종회의원으로도 활동하고
있다. 특히 2002년 창립된 광주지역의
대표적인 환경문화단체인 '무등산풍경소리'
대표로서 음악회와 숲 탐방 프로그램 등
생명평화운동을 전개하고 있다.

출가자가 처음 절에 오면, 일주일 동안
행자실에 앉혀 놓습니다. 그러고 나서 마지막 7일째
밤 9시부터 다음날 새벽 3시까지 절을 시켜요.
출가하기 전 세속에서 살아왔던 삶의 참회를 위해
3,000배를 시키는 겁니다. 그 절하며 참회하는 동안
눈물을 하염없이 흘리는 사람들이 참 많습니다.
그것은 스스로 자기 자신을 돌이켜보면서
자기도 모르게 쏟아져 나오는 눈물이에요.
이처럼 참회는 자기 자신의 마음을 정화시키고
깨끗하게 만드는 것입니다.

어둠을 쫒는 태양처럼
업장을 녹이는 참회의 힘

오늘은 '참회와 회향'이라는 주제로 여러분들께 말씀을 드리고
자 합니다. 참회와 회향이라는 말을 모르시는 분은 없으실 것입
니다. 쉽게 이야기하면 참회는 잘못을 저질렀을 때 자기가 뉘우
치는 것이라고 이야기를 하는데, 이 참회와 회향에는 정말 깊은
뜻이 있어요. 우리가 하루를 지나고는 하루를 돌아보고, 한 달을
지나고는 또 한 달을 돌이켜 보고, 1년이 지나가면 1년을 돌이
켜볼 때, 지금 현재 우리의 자리에서 미래의 밝은 모습을 열어갈
수 있습니다.

알면 고려청자, 모르면 개밥그릇

삶을 살아가면서 돌이켜보지 않으면, 자신의 앞날은 시간이 흐

연광 스님

르는 대로 막연하게 갈 수밖에 없습니다. 아무 생각없이 남들 하는 대로 따라서 살다보면 세월만 허투루 보내는 생활밖에 안 됩니다. 그 세월이 어느덧 오십, 육십, 칠십이 되어서 내일모레 죽음이 앞에 기다리고 있는 것이 우리네 인생입니다. 그래서 똑같은 시간을 보내더라도 하루, 한 달, 1년이 끝났을 때 자신을 돌이켜보는 것이 중요해요.

자신을 돌이켜보지 않으면, 아무리 많은 시간을 기도하고 또 높은 명예를 얻고 있어도 헛되고 덧없는 삶일 뿐입니다. 그래서 참회와 회향이 정말 중요해요. 설사 우리가 오랜 시간 어두운 길을 헤매며 망상으로 잘못을 저질러 왔더라도, 한 순간 그것을 살피고 뉘우친다면 밝은 미래를 활짝 여는 깨우침을 가져다 줄 수 있습니다.

「보왕삼매론」에 다음과 같은 말씀이 있습니다. "세상살이에 곤란 없기를 바라지 말라. 세상살이에 곤란이 없으면 업신여기는 마음과 사치한 마음이 생기게 되나니 그래서 부처님께서 말씀하시되 '근심과 곤란으로써 세상을 살아가라' 하셨느니라."

이 세상을 살아가며 자신의 뜻대로 모든 것이 이루어지면, 자만에 빠져 남을 업신여기게 되고 허영심이 생긴다는 뜻입니다. 그래서 부처님은 이 세상을 살아갈 때는 근심과 걱정으로서 살아가라고 말씀하셨어요. 이런 깨우침은 오직 자기가 스스로 뉘우치며 깨달아 열어가는 것입니다. 아무리 비싼 난(蘭)이라고 해도 그 가치를 모르면 황소의 한 입 식사 밖에 안 되는 거예요.
또한 아무리 귀한 고려청자라고 해도 그 가치를 모르면, 한낱 개
밥그릇밖에 안 되는 겁니다.

"참회는 지혜의 꽃을 피운다"

여러분들이 몇 십년 절에 다니면서 부처님의 가르침을 믿으며
신앙생활을 하고 있지만, 가장 기본적인 참회와 회향이라는 말
을 이해 못하면 이때까지 쏟아온 것들은 한낱 물거품에 지나지
않아요.

　　참회라는 것은 나의 어려움이나 나의 불행을 풀어주는 열쇠
입니다. 참회 기도는 복을 가져다 줘, 불행을 행복으로 바꿔주기
때문이에요. 지구가 스스로 돌며 밤낮을 만들듯이, 지옥과 천상
세계나 불행과 행복도 우리 스스로가 만들어 가는 것입니다. 지
구가 태양을 등 졌을 때는 밤이 되고 태양을 마주했을 때는 낮이
되듯이, 다른 누군가가 있어 불행과 행복을 가져다주는 것이 아
니에요.

　　사람은 누구나 새로운 희망과 밝은 지혜로 기쁨이 항상(恒
常)하기를 기원합니다. 그렇기 때문에 참회가 필요해요. 참회는
지난 시간을 되돌아보고, 자기의 잘못에 대해 깊이 깨닫고 고쳐

나가는 것입니다. 참회와 회향은 둘이 아니라는 것이죠. 참회를 함으로써 또 다른 우리의 인생을 살아간다는 뜻입니다. 그래서 참회는 새로워지는 길이요 선업(善業)을 가장 잘 닦는 것입니다.

여러분들이 선업이라고 하면 베풂만 생각하는데, 자신을 돌이켜보면서 참회하는 것이 가장 순수한 선업을 쌓는 것이에요. 선업을 쌓아야만 좋은 결과가 오고, 악업을 쌓으면 나쁜 결과가 올 수 밖에 없어요. 그래서 어느 종교를 갖든지 잘 사는 사람이 있고 못 사는 사람이 있는 것이에요. 그 차이가 업의 차이라고 부처님은 말씀하십니다. 그 업의 차이가 어디에서 나오냐 하면 여러분들 생각에서 나옵니다. 그 생각 하나에 따라서 선업이 되느냐 악업이 되느냐 하는 겁니다. 가령 내 마음 속에 남을 미워하는 마음이 있을 때, 이 생각을 밖으로 표출하면 그 업은 악업이 되는 겁니다. 그러나 마음을 돌이켜 한 번 참음으로써, 그 악업을 절제할 수 있는 거예요. 그러므로 참회는 마음을 깨끗하고 밝게 해주는 가장 좋은 신행방법 중 하나이고, 또한 선업을 쌓는 데 아주 중요합니다.

부처님이 말씀하시기를 "참회는 능히 번뇌를 태우며, 능히 삼계의 감옥에서 벗어날 줄 알며, 또한 지혜의 꽃을 피운다."고 하셨어요. 이와 같이 참회는 괴로움을 즐거움으로, 실패를 성공으로, 불행을 행복으로 이끌어주는 처방입니다. 우리들을 깨달음의 바른 길로 인도해주는 참으로 수승한 수행 방법 중 하나입니다.

하염없이 쏟아져 나오는 참회의 눈물

출가자가 처음 절에 오면, 일주일 동안 행자실에 앉혀 놓습니다. 그러고 나서 마지막 7일째 밤 9시부터 다음날 새벽 3시까지 절을 시켜요. 출가하기 전 세속에서 살아왔던 삶의 참회를 위해 3,000배를 시키는 겁니다. 그 절하며 참회하는 동안 눈물을 하염없이 흘리는 사람들이 참 많습니다. 그것은 스스로 자기 자신을 돌이켜보면서 자기도 모르게 쏟아져 나오는 눈물이에요. 이처럼 참회는 자기 자신의 마음을 정화시키고 깨끗하게 만드는 것입니다.

『화엄경』「보현행원품」에도 이 참회 발원하는 내용이 나옵니다. "내가 지나간 세상 끝없는 세월에 탐하고 성내고 어리석은 탓으로, 몸과 말과 생각으로 지은 악업이 한량없고 끝이 없을 것이다. 만약 그 나쁜 업에 어떤 형체가 있다면 가없는 허공으로도 그것을 다 용납할 수 없을 것이다. 내가 이제 몸과 말과 생각의 청정한 업으로 법계에 두루 많은 부처님과 보살님들 앞에 지성으로 참회하고, 다시는 나쁜 업을 짓지 않으며 항상 청정한 계율의 모든 공덕에 머물겠다."고 발원합니다.

부처님께서는 참회를 태양에 비유합니다. 태양은 모든 어둠을 쫓는 거대한 힘이 있듯이, 참회는 모든 업장을 녹여 없애는 힘을 가졌습니다. 그래서 참회의 힘은 정말로 강합니다. 참회를

연광 스님

하면 모든 업장이 녹아 없어지기 때문입니다. 그래서 기도를 하면서 기본적으로 자기 자신을 참회하는 습관을 꼭 가져야 해요. 기도도 습관입니다. 기도를 반드시 절에 와서 해야 하는 건 아니에요. 절에 오든 집에 있든 끊임없이 이어지는 것이 참다운 기도입니다. 자기 자신을 돌이켜보지 않고 막연하게 살아가다 보면, 알게 모르게 지은 악업이 다시 나에게 돌아오게 되는 겁니다.

참회는 과거의 잘못을 뉘우치는 것뿐만 아니라 동시에 새로운 출발을 의미합니다. 그래서 회향은 참으로 아름다운 것입니다. 참회 기도를 많이 하면 인내심이 커지고 자비심이 무한하게 커지기 때문에, 따로 차별을 두면서 사람을 대하지 않아요. 그래서 참회는 선업을 짓는 가장 좋은 방법 중 하나이고, 수승한 수행법의 하나입니다.

참회하는 기도 습관을 늘 지니고, 항상 자기 자신을 돌이켜봐야 해요. 그래야 인내심이 커지고 마음이 편안해져 행복한 삶을 살 수 있게 됩니다. 그런 행복한 삶은 여러분들이 스스로 만들어가는 거예요. 참회와 회향은 둘이 아닙니다. 그래서 참회를 많이 할수록 마음도 넓어지고 여러분의 앞날에도 좋은 일이 있게 됩니다.

마지막으로 당부의 말씀을 드리자면, 절대 참회를 쉽게 생각해서는 안 됩니다. 행하기가 정말 어렵습니다. 누구나 머리로는 알 수 있지만, 실제 행하는 것은 정말 어려운 일입니다. 사소

한 것부터 베푸는 마음을 가져야 하고, 마음을 여는 법을 배워야
만 정말 큰 일이 생겼을 때 수습할 수 있는 지혜가 생기는 것입
니다.

연
광
스
님

기억에 남는 명법문 · 06

법값
했는가

2015년 2월 13일 초판 1쇄 발행
2015년 4월 10일 초판 2쇄 발행

〈불교신문〉· 월간 〈불광〉 공동기획 • 저자 도원 스님 외 17명
펴낸이 박상근(至弘) • 주간 류지호 • 편집 김선경, 양동민, 이기선, 양민호
디자인 koodamm • 제작 김명환 • 홍보마케팅 허성국, 김대현, 박종욱, 한동우 • 관리 윤애경
펴낸 곳 불광출판사 110-140 서울시 종로구 우정국로 45-13, 3층
      대표전화 02) 420-3200 편집부 02) 420-3300 팩시밀리 02) 420-3400
      출판등록 제1-183호(1979. 10. 10)

ISBN 978-89-7479-094-3 03220

이 도서의 국립중앙도서관 출판시도서목록(CIP)은
서지정보유통지원시스템 홈페이지(http://seoji.nl.go.kr)와
국가자료공동목록시스템(http://www.nl.go.kr/kolisnet)에서 이용하실 수 있습니다.
(CIP제어번호: CIP2015003810)